JN272905

しあわせな放課後の時間

デンマークとフィンランドの学童保育に学ぶ

石橋裕子・糸山智栄・中山芳一◆著
〈解説〉庄井良信

高文研

この本のはじめに

夏が来ると思い出す、フィンランドの風景。石畳、美しい海、にぎやかな市場、夜なのに明るい街角、からっと乾いた空気。ひとりでは決して思いつかなかったであろう、フィンランドの学童保育の視察。それが、学童保育の友人たちが誘ってくれて、二〇〇八年に実現したのです。そして、報告本の出版。三〇〇冊刷ったのがあっという間に完売しました。

当時の日本の学童保育はニーズの高まりにより、大規模化が進行していました。その抑制のために、大規模加算が縮小され、やっと分割適正人数化が始まった頃でした。フィンランドの学校・学童保育は、日本の適正人数のレベルではなく、一人ひとりをしっかりと育てることに力を注いでいました。どんな子どもも生まれたからには、幸せに。すてきなヒントと確信を得たフィンランド。その後、佐賀県の人たちがデンマークに行き、やはり素晴らしい視察であったと聞きました。私たちのフィンランド視察の報告集と佐賀県の報告を合わせて、一冊にできないかと考えました。

今、学童保育が制度に則って、整備されようとしています。この時にこそ、フィンランドやデンマークの〝ゆったりとした時間の中で一人ひとりの子どもをしっかり育てる〟北欧のスピリットが生かされるのではないでしょうか。私たちの視察の旅は短く、拙いものですが、きっと日本の学童保育や教育、生き方を考えるヒントを得ていただけるのではないかと思います。この一冊が学童保育の向上につながってくれることを願っています。

糸山　智栄

第2部 フィンランドの学童保育

糸山 智栄・中山 芳一

カバーイラスト　井上文香
装丁　妹尾浩也（iwor）

アイスランド
フィンランド
ヘルシンキ
ノルウェー
スウェーデン
ロシア
エストニア
ラトヴィア
デンマーク
コペンハーゲン
リトアニア
アイルランド
ベラルーシ
イギリス
ポーランド
オランダ
ドイツ
ベルギー
ウクライナ
チェコ
スロヴァキア
モルドバ
フランス
スイス
オーストリア
ハンガリー
ルーマニア
スロヴェニア
クロアチア
イタリア
ボスニア・ヘルツェゴビナ
ブルガリア
サンマリノ
モナコ
ユーゴスラビア
マケドニア
ポルトガル
スペイン
バチカン市国
アルバニア
ギリシア

スウェーデン
デンマーク
ユトランド半島
ボーゲンセ
オーゼンセ
コペンハーゲン
フュン島
ドイツ

第１部
デンマークの学童保育

石橋　裕子
（佐賀県放課後児童クラブ連絡会）

はじめに

「デンマークを知りたい！」「デンマークを見てみたい！」「デンマークで暮らす人々に話を聞いてみたい！」

そこに暮らす人の多くが「自分は幸せだ」と感じている国がある——そんな夢のような国がいったいどういう国なのか、私たちは想像することすらできませんでした。社会福祉国家・生活大国と言われるデンマークと、日本とは何が同じで何が違うのか、ひと目だけでも見てみたいという思いが日に日に募り、とうとう私たちは、二〇一一年一月九日、日本を飛び立ちデンマークに向かったのでした。

これは「幸せな学童保育の姿」のヒントを求めた、私たちの七泊八日の旅の記録です。私たちがデンマークを訪れてから、気がつくと二年半が経っていました。しかし、この八日間に出会ったひとつひとつの出来事は、なぜか私の中で色あせるどころか、反対により鮮明になってきているのです。それはなぜなのでしょうか。

今、日本が大きな時代の流れの中で、価値観の転換期を迎えていると感じるからかもしれません。得体の知れない大きな不安にとらわれそうになる時、私はいつも、この旅で出会ったデンマークの人々の暮らしを思い浮かべます。これから私たちが進みたい方向に、デンマークの歩みが大きな示唆を与えているような気がしてならないのです。

私たちＮＰＯ法人佐賀県放課後児童クラブ連絡会は、二〇〇一年、県内の指導員数名が集まって、「学童保育の実践の交流や研修を行いたい」という願いから生まれた団体です。県内の指導員研修会の開催や、児童クラブ（学童保育クラブ）のこどもたちのつぶやきを集めた作品集の作成、学童保育の理解や関心を深めるフォーラムや講演会の開催などの活動を続けてきました。

二〇〇九年四月、学童保育の総合的な相談や支援を行う「佐賀県学童保育支援センター事業」を受託しました。これは国のふるさと雇用再生基金事業で県内すべての学童保育に対して支援する業務を行うものです。県内四カ所に支援センターを設置し、学童保育への訪問支援・相談支援事業、課題解決に向けてのネットワークづくり、専門機関からの相談員の派遣や出前講座提供、人材育成、実態調査などを行い始めました。

このようなセンターは今までにはなく、佐賀県が全国で初めて設立しましたので、当時二二名のスタッフで、私たちはこの活動をどのようにすすめていけばよいか、迷ったり立ち止まったりの日々でした。やりがいを感じながらも、課題を抱える学童保育を目の前にして、うまくいかないことばかりで、苦しい思いをしながら活動を続けていました。

「どうしてもデンマークに行きたい！」と思ったきっかけのひとつに、この学童保育支援センター運営の中で「ワールドカフェ」という話し合いの手法と出会ったことがあります。

事業最終年度となる二〇一一年、佐賀県が策定しようとしていた「佐賀県放課後児童クラブガイドライン」に向けて、県内一〇カ所でワールドカフェの手法を用いた、学童保育を考える対話の場「ただいまカフェ」を設けてきました。

ワールドカフェは、世の中で行われる会議や話し合いの多くが、形骸化してしまっていたり、何かを生み出すことが難しくなっていたりする現状から一九九五年にアメリカで生まれ、急速に広まってきたものです。ワールドカフェによる話し合いの場はオープンで、参加者すべてが対等であることを大切にします。また、どのような考えも歓迎され、出された考えはどれも否定されません。そして、新しい価値観やアイデアが生まれる瞬間を互いに楽しもう、というものです。

私たちが行った「ただいまカフェ」では保護者、指導員、子どもに関わる活動をしている様々な立場の人が「学童保育の質の向上をめざすために、本当に必要なものは何か」といった問いかけに、五、六人のグループで話し合いをもちました。どのような立場であるかは関係なく、自由に対話を行いながら、互いの考えに耳を傾けていったのでした。このような「対話」を重ねることで、参加者同士が立場によって学童保育の認識に大きな違いがあることを知ったり、開設時間や施設設備の課題を改めて感じたりすることができました。

また、参加した大学生からは、「自分たち学生をもっと活用してほしい」という意見も出され、これからは地域に開かれた学童保育になっていくことで解決できることもあるのではないか、と感じたのでした。私たちの生活の中でいかに語り合うことが重要であり、立場や考えが違う多様な対話の中からこそ、新しい考えが生み出される、ということに気づき始めたのです。きっと私たちを護る制度は、本来、多様な意見をこのように持ち寄って創っていくものであると思いました。

そこで、対話による国づくりを行っているというデンマークとは、一体どのような国なのか、対話による国づくりによって「国民の幸福度世界一」と言われる国は日本とどこが違うのか、私たちが今後こうありたいと思う学童保育へのヒントを求めて、訪れる決心をしたのです。

二〇一一年、八名の視察団を結成して出発です。メンバーは、佐賀県学童保育支援センターから三岡彰子、泉祈恵子、田中磨理子、青柳達也と私の五名、奈良県学童保育支援センター長の山本眞理子さん、佐賀県学童保育支援センタースタッフの長尾千夏の息子・長尾一平さん（二〇一一年一月当時高校二年生）です。一平さんは、母親の願いと期待を担っての参加です。そんな私たちに、佐賀新聞社の川﨑久美子記者が同行しました。

二〇一一年一月九日早朝、私たちは佐賀を出発しました。

石橋　裕子

デンマーク視察日程表

日	時間	
1日目	5:20	佐賀発
	6:20	福岡空港発
	12:30	成田空港発
	16:00	コペンハーゲン空港着
2日目	12:00	日欧文化学交流院着 昼食
	13:00	コングスロン国民学校・学童保育見学
	15:30	日欧文化交流学院内で講座受講
3日目	8:00	コングスロン国民学校０学年見学
	9:30	オトオップゴーデン知的障がい者作業所見学
	13:30	アンデルセン記念館
	16:00	オーデンセ発
	18:00	コペンハーゲン着
4日目	11:00	バッケゴー国民学校見学
5日目	11:00	グレナス・ミーナ・プロジェクト学校見学
	15:00	市内散策
6日目	8:00	クリスチャン・ハウン国民学校見学
	13:00	セレスモスコーレ国民学校見学
	17:00	市庁舎見学
7日目	AM	市内観光
	15:40	コペンハーゲン空港発
8日目	10:40	成田空港着
	16:50	福岡空港着
	18:00	佐賀着

国のかたち

デンマーク

✻国の概要

デンマークは北海に突き出たユトランド半島と、５００近い島々で構成され、九州ほどの面積に約５６０万人が暮らす小さな国です。もっとも、日本の6倍の面積を有する世界最大の島、グリーンランドもデンマーク領ですが、ここは外交と司法以外は自治が認められた「自治領」です。首都コペンハーゲンは北緯約55度で、樺太の北端と同じくらいですが、カリブ海から流れてくる暖流「北大西洋海流（通称メキシコ湾流）」の影響で気候は比較的穏やかです。国土はひたすら平らで畑や牧草地が広がり、もっとも高いところで海抜１７１メートルです。

言葉は、英語とドイツ語の中間とも言えるデンマーク語。通貨はデンマーククローネです。9世紀前半に建国され、１０００年以上の歴史を持つ立憲君主国で、現在の国家元首はマルグレーテ2世女王です。

世界最高水準の福祉、生活レベルを誇りますが、そのレベルの低下を恐れ、１９９２年、欧州連合（ＥＵ）への道筋をつけるマーストリヒト条約の批准を国民投票で否決しました。その後、同条約は二度目の国民投票で可決され、ＥＵに加盟しました。さらに２０００年には欧州共通通貨・ユーロへの参加を国民投票で却下しています。独立心の強いお国柄でもあります。

✻歴史

ノルウェー、スウェーデンとともに北ゲルマン族（ノルマン人）を共通の祖としています。有名な「バイキング」もデンマーク人の先祖で、10世紀前後には歴史上有名な「ノルマン人の大移動」を行い、イギリスやロシア、遠くはイタリアのシチリア島などに国を建てました。デンマークは9世紀前半に建国され、1380年から1814年までノルウェーを支配下に置き、スウェーデン、イギリスも一時期支配するなど広大な領土を誇った時代もありました。ユトランド半島の付け根にあるシュレスヴィヒ、ホルスタイン地方もドイツに奪われる1864年まで領土でした。

＊産業・文化

高級陶磁器「ロイヤルコペンハーゲン」は、18世紀にドイツのマイセンから職人を招いて王立の工場を創設して以来、200年余りの歴史を誇ります。独特な青い絵は東洋の磁器を参考にして始まったと言われています。

デンマーク人は陽気な国民でもあり、国民一人当りのビール消費量は世界でも指折り。じゃがいも焼酎「スナップス」による「スコール（乾杯）」はデンマーク名物です。

他に、知育玩具のレゴ社や高級オーディオメーカーのバング&オルフセンが有名です。バイオテクノロジー産業が盛んで、他にも医薬品、北海油田で産出される石油や天然ガスも輸出しています。

デンマークは農業が盛んで、畜産・酪農国でもあります。デンマーク料理は、豚肉やチーズがふんだんに使われ、主食は黒パンとじゃがいも。薄く切ったパンの上に材料を自分で好きなようにのせるオープンサンドのほか、食卓ではいわゆる「バイキング」形式（デンマークでは「ビュッフェ」と呼ぶ）が一般的です。

＊著名人

■H・C・アンデルセン（童話作家）

■ソーレン・キルケゴール（強烈な個人主義を訴えた哲学者）

■カール・ニールセン（交響曲で知られる作曲家）

■ニールス・ボーア（ノーベル賞を受賞した核物理学の大家）

＊スポーツ

もっとも盛んなのはサッカーです。他にハンドボール、バドミントンも盛んです。ただし山がないため、スキーなどのウィンタースポーツは盛んではありません。サイクリングも国民に浸透したスポーツ。バイキングの流れを汲むヨットは、オリンピックでかなりの確率でメダルを取ります。

（情報提供：日欧文化交流学院）

デンマークの基礎データ

正式国名	デンマーク王国　Kongeriget Danmark（英語名 Kingdom of Denmark）
国旗	赤地に白十字「ダーネブロウ」
国歌	「麗しき国（Der er et yndigt land）」 「王クリスチャンはそびえ立つマストの傍らに立った（Kong Christian）」
面積	4万2394㎢（本土）、フェロー諸島1399㎢、グリーンランド約220万㎢
人口	約560万人（2013年1月時点）
首都	コペンハーゲン　Copenhagen
元首	マルグレーテ2世女王　Margrethe II（1972年1月即位）
政体	立憲君主制
議会	一院制（179議席、任期4年）
言語	デンマーク語
民族構成	デンマーク人
通貨	デンマーク・クローネ
宗教	国民の約80.4%がプロテスタント（福音ルーテル派）。そのほかローマ・カトリックなど。
1人当たりGDP	56,202ドル（2012年時点、IMF）
国のGDP	3,316億ドル（2012年時点、IMF）
主要産業	流通・運輸、製造、不動産、ビジネスサービス
徴兵制	18歳以上の男子に徴兵義務(くじ引き)。志願可能。通常4カ月。

※日本は1人当たりGDP＝46,735ドル（2012年時点）、国のGDPは4兆3180億5200万ドル（2012年時点、世界第3位）

デンマークの教育制度

第1部
デンマークの
学童保育

I

デンマークの国のあり方と考え方

れんが造りのコペンハーゲン中央駅。

1 コペンハーゲン到着

デンマークは、ドイツの北部と接している、面積約四万二千平方キロメートル、人口約五六〇〇万人の小さな北欧の国です。高い山はなく、平たい国でパンケーキの国とも呼ばれています。

日本を出発して約一三時間、私たちがコペンハーゲン中央駅に到着したのは、日曜日の夕方でした。あたりは真っ暗で、ライトアップされた建物ひとつひとつがとても綺麗です。思ったほど寒くはなかったのですが、路肩には雪が積もっていました。

休日の夕方とあって、街中には、家族連れや恋人たちが、楽しそうに歩いていました。教会ではミサが行われています。念願のデンマークに到着した私たちは、道行く人々や景色に目を奪われながらも、日本で見慣れたコンビニエンスストアを見つけ、思わず駆け込んで買い物をはじめました。ミネラルウォーターが三〇〇円もするのかと驚きながらも、多くの人が幸福だと感じる国にやって来たことに感動しつつ、これからの旅に期待が膨らんできたのです。

2 日欧文化交流学院

私たちは、旅の始まりに、デンマークの歴史や福祉の考え方などを学ぼうと、デンマークのフュン島北部にあるボーゲンセ日欧文化交流学院で研修を受けることにしました。

日欧文化交流学院は、千葉忠夫さんが申請から十年以上もかけて一九九七年に設立した学校です。「デンマーク史上最長年月日を要した」と認可担当の文部省の方に苦笑されるほどであったという、千葉さんが人生をかけて設立した学校なのです。

ここでは福祉、医療、教育、デザインなどデンマークが世界に誇るものを、表面だけでなく、それらを成り立たせている「考え方」も含めて学ぶことができます。デンマーク政府の認可を受けて、知的障がいを持ったデンマーク人や、ＥＵ諸国や日本からの留学生や研修生を受け入れています。「スリムコース」というダイエットを目的としたコースで寮生活を送る学生もいます。

千葉さんは北欧の国に社会福祉国家があると聞き、日本も皆が安心して暮らせる国になればと願い、一九六七年単身でデンマークに渡り、社会福祉を学び、学校を設立したのだそうです。

ホテルまで学院のバスで迎えに来てくださった千葉さんは、フュン島に向かう途中、車内でデンマークの国のあらましについて、説明をしてくださいました。車でおよそ三時間、デンマークの風景を眺めながら日欧文化交流学院設立の経緯を聞き、千葉さんから出されるクイズに必死で答えを探しながら、私たちは学院に到着しました。

日欧文化学院での講義。対話型で進められていく。

デンマークは二〇〇六年と二〇〇八年の英米研究機関の調査で「幸福度ランキング世界ナンバーワン」となりました。（米ワールド・バリューズ・サーベイ　二〇〇八年度発表）国民の八〇％は「自分たちは幸せである」と答えるのだそうです。

デンマークでは「国の資源は人である」と言い切ります。私たちは「ゆりかごから墓場まで」いや「ゆりかご前から墓場後まで」の安心した生活を送ることができるデンマークという国の概要を知る「対話の授業」を学院の中で受けました。

❁ 対話の授業

「一枚のピザを三人で平等に分けるにはどうしますか？」

当時学院院長だった千葉忠夫さんの問いに、私たちは迷いもせず「三等分にすることが平等である」と考えました。しかし、千葉さんによると、デンマークでいう平等は必ずしも三人のピザが同じ量にはならないということでした。

「たとえば、昨日から何も食べていない人がいるとします。おなかがすいているその人はピザを半分食べ、残り半分を二人が分け合う、それぞれのおなかのすき具合が重視されるので、食べるピザは必ずしも三人が同じ形ではなくなることがあります」

これがデンマークの平等の考え方です。誰が一番おなかがすいているのか、すなわち「誰が一番支援を必要としているのか」を考えるのです。ただし、ピザを多く食べたからといって（支援が必要だからといって）支払額が増えるわけではありません。食べる人の所得で決められるのです。必要とする人に必要なだけを分ける、デンマークでは社会的に平等と言う言葉は、公平という言葉に置きかえられます。

はじめ私は、等分ではないこの「平等」と言う考え方を理解するのが難しかったのですが、デンマークの平等は受け取る側の視点が大事にされているように思いました。「受け取る側が受け取った後に同じ状況になる」ことを「平等」というのだと考えると納得できました。そして「三等分を平等」と考えるのは、分ける方の立場から見れば、とてもやりやすい方法なのではないかと思いました。考えてみれば、福祉というものは受益者が満足又は幸せと感じることがとても大事で、日本にはそういう視点がないような気がします。

次に「幸せとはどういうことでしょうか」と千葉さんは聞きました。私たちはいつも「幸せでありたい」と願っています。しかし、具体的に「幸せはどういう状態か」と考える機会はあまりありません。健康なこと、お金があること、家族が楽しく暮らすことなど、それぞれが考えて答えていきました。

私は答えに戸惑いながらも「痛みがないこと」と言いました。すると千葉さんは「それは、心ですか体ですか」と尋ねたので「両方です」と答えました。体と心に痛みがない日々は、幸せであると言えるような気がしたのです。

その次に千葉さんは「では、今あなたは幸せですか?」と聞きました。これもなかなか難しい問いです。順番に一人ずつ答えていくのですが、私は「今の自分の体や心に痛みがあるか」と考えた後に「幸せであり、不幸せでもあります」と答えました。仕事や家族のことなど、抱えている不安が頭をよぎったからです。その場にいた二人が「幸せです」ときっぱりと答えた様子を見て、そう答えることができる仲間をちょっと誇らしく、うらやましく思ったのでした。

千葉さんの問いから考え導き出された幸せとは「日々の暮らしが安定している(住むところがあり、食べるものがあり、仕事がある)」「将来に不安がない(年をとっても病気をしても安心である)」ということでした。

デンマークの所得税は約四〇~五〇%。消費税は二五%。自動車には一八〇%もの税金がかけられています。国民が働き税金をたくさん納めることで、社会保障はとても手厚くなります。累進課税による納税を公平に分配すること(トランスファーペイメント)で、格差がなくなり、だれもが日々の暮らしを安定させることができるのです。またこの安定した国が将来も続くよう、国民一人ひとりが考え、意見を言うことで、教育を整え、国の仕組みも整えているのでした。

暮らしに不安がないこと、生きることに不安がないこと——幸せとはきっと、こういうシンプルなものではないだろうか、千葉さんとの対話の授業を終えて、そう感じたのでした。私たちも「幸せな国」をつくるために、幸せの意味を今一度考え、平等や公平についても「与えられた常識」ではなく、もう一度自分の目で見直す必要があることを、日欧文化交流学院で学んだのでした。

コラム

スカンジナビア航空のキャビンアテンダント

成田からコペンハーゲンに向かう飛行機、スカンジナビア航空のキャビンアテンダント（客室乗務員）の様子を見て、日本と随分違うことに気づきます。

まず男性乗務員が何人もいること、年齢もいろいろであること、そして何より、乗務員だれもがとても楽しそうに働いていました。この雰囲気は、その後私たちがデンマーク滞在中あらゆるところで感じることになります。

男性の屈強な腕から受け取る機内食もいいものです。パンもちょいとつまんで、ひょいと渡されます。コーヒーがちょっとぐらいこぼれても、まったく気にしないおおらかさ。

日本のサービスは細かなところまで行き届いており、世界でもトップクラスなのかもしれません。しかし、スカンジナビア航空のアテンダントは、必要なだけのサービスを的確にしているようにも思えました。

とにかく、飛行機に乗っただけでも日本の考え方とかなり違うようです。

どうして日本の飛行機のキャビンアテンダントは若い女性ばかりなのだろう。これって性別役割分担なのかしら。それに、サービスは行き届いているけれど、働いている人が楽しそうだとはあまり感じたことがありません。日本の乗務員は笑顔もたっぷりだけれど、このスカンジナビア航空の雰囲気とはまったく違う。そんなことを感じながら、コペンハーゲンに向かいました。

スカンジナビア航空の機内食

コラム

驚きの自転車

デンマークに到着した私たちは、まずコペンハーゲンに向かいました。そこで、「自転車が電車に乗る」ということに驚きました。

電車の車内には自転車を安全に乗せるための設備があります。デンマークの人々は実に手際よく、自転車を乗車させせます。駅のエスカレーターや階段も軽々と自転車を抱え上げていきます。ホームを颯爽と自転車に乗って走る姿を見た時には思わず「おおっ！」とうめいてしまいました。

また、デンマークの人々は、雪が残る路肩もスイスイと自転車を乗りこなして行きます。

特に子連れの自転車乗りはすごいです。まだ暗いうちに学校や保育園にこどもを送っていかなければならない親たちは、自転車の前方に取り付ける、日本では見たことがない、こども用の車にこどもを乗せます。様々な形の車があり、その昔、子連れ狼の大五郎が乗っていたようなものもありました。

こどもを送り届けたら、車を取り外して学校に置いておきます。親は身軽になって職場に向かうのです。

けっこう車の行き来が激しい朝の時間、交通事故も多いのではないかと気になりつつも、自転車を最大限に生活の中で活かしているデンマークの人々の様子を、私が暮らす佐賀も自転車の多い場所なのでとても興味深く眺めていました。

（左）前に子ども用シートを取り付けた自転車。
（右）自転車を押してホームを歩く女性。

自転車を載せた車内。

第1部
デンマークの
学童保育

II

デンマークの小学校と学童保育

3 コングスロン国民学校五年生

私たちは、日欧文化交流学院の千葉さんに案内され、デンマーク第二の島、フュン島北西部の海岸沿いの町ボーゲンセにあるコングスロン国民学校を訪ねました。

小さな柵のような「校門」を開けると、地面にカラフルな足跡が描かれています。足跡をたどると正面玄関です。なんとも遊び心たっぷりの学校だ、とうれしくなりました。

ここは0年生から六年生のこどもたち九三人が通っていて、教員とペタゴー（生活指導教諭・30ページ4参照）をあわせて、一八人の職員がいます。五年生の教室では九人のこどもたちが校長先生の授業を受けていました。この日は特別に校長先生が授業を行っていました。

日本からやってきた私たちと交流するために、こどもたちは話し合って、お茶と果物、そして自分たちのお気に入りのおやつを準備してくれました。外国人である私たちと向かい合って座ることもたちは、恥ずかしがったり、物おじしたりすることはありません。

「学校は楽しい？」という私たちの質問に、全員が迷うことなく「楽しい」と答えます。「どんなところが楽しい？」と聞くと「何か新しいことを学べるから」「友だちがいるから」と、自分なりの考えを次々に話してくれました。

授業は月曜日から金曜日まで、朝七時五十分から始まり、授業の一コマは四十五分で毎日四～五時間の授業があります。週一時間のホームルームでは、クラスのことについてみんなで話し合います。このホームルームは、算数や国語などの主要科目以上に重要視されています。ここでこどもたちは社会性を身につけていくのです。

デンマークでは「あなたはどう思うのか？」という問いが頻繁に投げかけられます。日本では「静かに話を聞きなさい」とよくいわれますが、デンマークでは「自分で考え、意見を言う」ことが求められ、それが何よりも大切なことだと認識されていました。このホームルームでも、「自分の意見を言いなさい」と繰り返し教えられます。

この学校独自のプログラムとして、四～六年生が選択する「DHM」という時間があります。これは四～六年生が合同で順番に

D…デザイン
H…ハンドワーク（ものづくり）
M…ミール（食事作り）を行う授業

です。

デンマークでは、学校独自にカリキュラムを組んだり、予算を立てたりしているそうです。「教師が足りなければ、学校の予算で教師を一人雇う」など、学校の裁量権はかなり大きく、それは、学校の理事会で教師やペ

コングスロン国民学校の校門から玄関へ。カラフルな足跡をたどると玄関に行き着く。

学校での交流の様子。こどもたちが話し合ってお茶や果物、お菓子を用意してくれた中、けん玉を使って、日本の文化を紹介する。

タゴーという生活指導教諭、保護者、生徒代表も参加して学校の予算配分なども決めていくからです。学校の予算などを決める場に、こどもの代表がいるということに大変驚きました。

しかし、よく考えてみると、こどもが主人公の学校であれば、当然意思決定の場に当事者であるこどもがいて、意見を述べる機会を持つのは当たり前のことです。

教育で大切なことは、「こどもの社会性を育てること」であり、「将来の職業を決めること」です。学校というこどもの学ぶ場所の運営にかかわる経験は、社会性を育てる重要な学びの場のひとつである、と思いました。

デンマークでは、一クラス二八人までと決まっており、二八人を超える場合には、二クラスにしなければなりません。また、理解に苦しむこどもがいる場合には補助教員をつけることができます。これは日本の学校とは大きく違うところです。きっと二八人以上になると「自分の意見を言う」「友だちの意見を聞く」授業のスタイルができなくなるのでしょう。また国定教科書はなく、国語を教えることが教師に求められる第一条件になるそうで、教科書は教師が開発してもよいのだそうです。
「学校は楽しいですか?」という問いに全員が迷うことなく「楽しい」と答えた姿に、なぜか私は驚いてしまいました。とにかく学校は、こどもにとって楽しくなければいけないのだ、と考えてみれば当たり前のことに、改めて気がついたのでした。

こどもたちの相談に乗る「学校妖精」のコーナー。休み時間に現れる「妖精」と、時にはお茶を飲みながら話をする。

❁ 学校妖精

コングスロン国民学校では、こどもたちの心のケアをする「学校妖精」という取り組みを二年前から始めました。廊下の片隅に「学校妖精」と話をするコーナーを設置し、こどもが話したい時に話すことができます。

「妖精」は0学年を担当する生活指導教諭(ペタゴー)がなります。妖精は休み時間に現れます。妖精となる先生は妖精の格好だけでなく、ピエロの扮装もしたりして学校の中をまわり、「妖精と対話をしましょう」とPRするそうです。これは、アルコール依存症の家庭のこどもたちへの支援として、他の市ではじまったものを取り入れた、とのことでした。

この妖精と話をするコーナーは、柔らかな色合いの絵の下に、真っ赤なソファが二つ、木のテーブルをはさんで置いてあり、テーブルの上には、手のひらに乗せられるようなりんごの形をしたガラスの置物が飾ってあります。

ここで、友だちのこと、家庭のこと、ペットの死に向き合うことなど、こども自身やこども同士では解決できない問題などに「妖精」として、そっとおとなが寄り添うことができるよう、工夫されています。この「学校妖精」がいることで、保護者とコンタクトをとり、場合によっては家庭訪問などで対応することで、こころのケアの早期対応ができるという成果が出てきました。

時には「妖精カフェ」として、お茶を飲みながら話をしたり、妖精からのおたよりをおうちに届けたりもしています。こどもの目線でおとなも一緒にファンタジーの世界に遊びながら、こころのケアを行う優しい取り組みです。生きていく上での豊かさにつながる遊びが、ふんだんに用意されている学校です。

4 コングスロン国民学校　学童保育

たっぷりと校内を見学した後、私たちはいよいよ学童保育に向かいました。

コングスロン国民学校の学童保育は、学校敷地内に併設されています。学童保育では「ペタゴー」といわれる生活指導教諭が、こどもたちと過ごしています。この学童保育は、学校長が学校と同じように管理しています。学童保育と学校教育は肩を並べており、主任教師、主任ペタゴーが配置されています。知識を教える教諭と、生活を指導する教諭は、同じ身分です。

日本では、「低学年では、こどもが学校にいる時間よりも、学童保育で過ごす時間の方が長い」と言われています。同じこどもにかかわる仕事であることを考えれば、デンマークのように生活指導教諭として、学校の先生と同じ身分、同じ立場でこどもの育ちを支えあってもよいのではないのか、と思えてきました。そこまでいかなくとも、佐賀県の学童保育指導員の現状は何とかしていかなくてはならない、と強く感じました。

佐賀県の学童保育指導員は、時給や日給で働いている人が八七・四％、しかも年収百万円未満の

家庭的な雰囲気のコングスロン国民学校の学童保育。

学童保育の一室で楽しそうに遊ぶ低学年の男の子たち。

ゲームをして遊ぶ女の子。家の部屋のようになっている。

人が八〇・五％（二〇一〇年佐賀県学童保育支援センター指導員アンケート調査より）です。その厳しい現状を考えると、学童保育の幸せな姿のヒントとして、こどもと過ごす指導員の社会的立場を整えていかなければならない、と思います。

デンマークは、国全体が朝早くから動き始めます。親の就労時間に合わせて、学童保育も朝六時から八時まで開かれます。親が希望すれば朝食を食べることもできます。午後は一二時半から一六時半まで（金曜日は一五時半まで）です。

私たちが訪れた建物は、主に一年生と二年生が通ってくる学童保育でした。三年生から六年生は同じ敷地にある「クラブ」に行きます。学童保育とクラブを合わせて五二名のこどもが在籍していて、ペタゴーは五人います。

コングスロン国民学校の敷地は広く、そこには、大人でもわくわくするものがたくさんありました。屋外には小高く土を盛ったあそび場、小屋とベンチ、焚き火をする場所

木製のテーブルサッカーゲームで遊ぶ男の子たち。

おままごとをする女の子。一人遊びするスペースもたっぷりある。

と薪、パンなどが焼けるかまど、自分たちの演劇などを披露することもある木造の小劇場風の小屋。そして、ペタゴー主任・ピーター自慢の、獣の皮をはいでなめす作業を行う専用の小屋。この場所を説明する時のピーター主任の顔は、輝いていました。

ペタゴーは、学童保育での余暇活動を支援します。こどもがやりたいと思っていることをつかみ、それに応じてさまざまな活動をしていきます。こども自身のやりたいことを支援していくのが、ペタゴーの仕事です。

学童保育の利用料は一人月約四万円です。午後のみの利用は三万円くらいですが、保護者の収入に応じて無料になったり、減額されたりするそうです。

低学年の建物に入ると、広いリビングとキッチン。二人のペタゴーと低学年のこどもたちがいました。日本人の私たちを見て、ちょっと興奮気味でしたが、私たちを部屋に案内して、遊んでいる様子を見せてくれました。一階にはキッチンと小部屋。二階にも小部屋があり、隠れ家風にできていました。ちょうど一軒の家でこどもたちが遊んでいる感じです。部屋ごとに遊び道具があって、レゴブロックで遊ぶ、絵を描く、ジグゾーパズルをする、ドールハウスで遊ぶ、かくれんぼをするなど、思い思いの遊びを楽しんでいました。

（左）ピザを焼くためのかまど。
（右）お芝居を披露するための小劇場風の小屋。

別棟の高学年の学童保育「クラブ」にも、こどもたちが自由に料理できるように、キッチンがあります。その隣の部屋にはかなり本格的な工具と材料がおいてありました。

デザイン用具や手芸の道具、そして釣竿までおいてあるのには驚きました。料理をする、ナイフの柄や鞘《さや》を作る、アクセサリーを作る、釣りをするなど、実に多様な過ごし方ができるようです。外では焚き火をしたり、劇をしたり、そして獣を解体したり、と佐賀の学童保育ではとても想像がつかないことばかりです。

デンマークでは新学期は九月から始まりますので、入学式は九月です。この学校に入学する０年生は八月から学童保育が始まるのですが、五月から学童保育に入ることもできます。こどもに無理がないように、学校生活がゆるやかにスタートできるように配慮されているのです。

学校や学童保育で、こどもたちは生活に必要な体験を自主的に重ねていきながら成長しているようでした。そうして、生きるための基本的な力と、余暇を楽しむ力を身につけているのです。学童保育の果たす役割は、その子の長い人生の基礎を作るといっても言い過ぎではないと、コングスロン国民学校の学童保育を見て感じました。

コラム
不登校のないデンマークの学校

私たちは、学校を訪問するたびに、こどもたちに「学校は楽しいですか？」と質問をしました。こどもたちは、みな「楽しい」と答えます。理由は「友だちがいること」と、「学ぶことができるから」というものでした。

デンマークの学校には、基本的には試験がありません。時間をかけて対話を通した学びをします。日本人から見ると、物足りなく感じる授業の内容とも言えるのですが、こどもたちにはゆとりがあります。授業も課題が終わったこどもは、自由に過ごします。

それぞれの教室には隠れ家のような小さな部屋があったり、ソファがあったりとゆったりと過ごせる空間がたくさんあります。コングスロン国民学校の三年生の教室にははしごがあって、のぼっていくとくつろげるロフトのようなスペースが確保してありました。一、二年生のこどもたちは三年生になってその教室にいくことをとても楽しみにしているそうです。

教室だけでなく、学校内のあちこちにソファがならべてあり、くつろげる場所があります。ひとりでぼーっと過ごすスペースが確保されているのです。学校の外にもいろいろな遊びの工夫があり、学校そのものがこどもたちにとってわくわくする、しかも安心な場所となっているのでしょう。きっと、家にいるよりも、学校で友だちや先生と過ごす時間は、こどもにとって楽しい時間なのだと思います。そしてそれは、間違いなく社会への信頼につながっていき、「規範ある市民を育てる」という教育実践ができるのだと感じます。

デンマークでは、対話を通した学びを深めることで、自分の考えや行動が、社会にどのような影響を与えるのかを絶えず自らに問うことができる力を育てているのです。

きっとこのような学校の仕組みが、不登校のこどもを生み出さないのでしょう。自らも参画して作りだした決まりごとの中で、自らを律して生きていくことがいかに重要であるか。それをまざまざと見せられたようでした。

日本の中学校高校の決まりや規則はおとなの都合に合わせて作られているために、こどもは破ろう破ろうとしていきます。制服のスカートの長さ、髪の毛の長さ、持ち物など、ぎりぎりのところで試してきます。これらのことは、学校教育できまりを守らないというおとなを育てているような気がしてきました。

デンマークの学校それぞれにある運営委員会は、学校の方針を決める決議機関であり、そこにはこどもたちが入っています。当事者であるこどもの意見を尊重することが、不登校のない学校をつくっているのではないかと思いました。

「学校は楽しい」と話す女の子。

屋根裏部屋のある教室。

1つの机で友だち同士教え合い、学び合うスタイルのデンマークの教室。

0年生の教室。大きなテーブルを囲んで作業をする。

5 0年生

デンマークでは0〜三歳までが一般に保育園や保育ママを利用し、三〜六歳までのこどもたちはすべて、幼稚園に通います。そして日本の学校にはない0年生という学年がありました。0年生とは、小学校一年生の下に設置されて主に六歳から七歳のこどもたちが通うクラスです。私たちはこの0学年をぜひ見てみたいと思いました。そこで日欧文化交流学院の近くのボーゲンセ国民学校に見学に行きました。

午前八時一五分、まだ薄暗い中、こどもたちは親に連れられて登校してきます。私たちが学校に到着すると、朝六時から同じ教室で行われている学童保育で過ごしたこどもたちが、おもちゃを片づけていました。登校した子は、分厚い防寒着をぬいだり、カバンを机に置いたり、教室内にある冷蔵庫に飲み物やお弁当のヨーグルトなどを入れたりと、学校生活の準備を整えます。学童保育に引き続き学校が始まるこどもと、登校して来たこどもが揃ったところで一時間目が始まりました。

一八人のこどもたちは、自分から黒板の周りに丸くなって座りはじめます。その輪の中に先生が入って、ひとりひとりと握手をしながら言葉をかけていきます。出席をとって健康を確認しているようです。ほんの短い時間ですが、学校の始まりに、このような一対一のやりとりをすることは、大事なことだと思いました。

「d」の形を身体で表現する0年生のこどもたち。

アルファベットのテキスト。迷路を使うなど、遊びながら覚える工夫がされている。

０学年は「幼稚園学級」の位置づけで、時間割はあるものの、学習内容はアルファベットや数字のさわり程度を学びます。あくまでも学校への「ソフトランディング」で、遊びを通した学びに重点が置かれているのです。

今日はアルファベットの「d」を、遊びながら学ぶことを全員で確認し、先生は子どもの輪の中に座りました。アルファベットの歌を歌い、「d」のつく言葉を集めるゲームをします。カードを使ってたくさんの「d」のつく言葉を集めました。次に体を使って「d」の文字をあらわします。二人のこどもが床の上に寝転がり、一人がまっすぐ、一人が丸くなり、うまい具合に「d」ができあがりました。今度は先生が黒板に「d」の文字を書きました。先生のあとにこどもたちが次々に「d」の文字をチョークをつかって書いていきます。ここまでが約二〇分。先生とこどもとの距離感がなんとも自然です。そして驚くことに、学習はとても静かな中ですすんでいきます。

黒板に「d」を書いた後、教室内にある丸い机に四～五人ずつ分かれて座り、配られたプリントに「d」の文字を書く練習をします。およそ一〇分ほどで文字を書き終えたこどもは、先生の前に並び、丸をつけてもらいます。ちょうど三〇分ほど集中した時間を過ごしたこどもたちは、思い思いの遊びを始めました。国語の学習時間はまるで生活の一コマのようなこどもたちの学びあいでした。こどもと先生との会話も、本当に小さな声で行われます。机の上での作業もこどもたちが頭を寄せ合って、教えあっている様子がほほえましくもありました。

日本でも問題になっている「小一プロブレム」ですが、ここデンマークでも同様で、一年生から九年生の教育の義務期間に０年生が加えられ、二〇〇〇年に義務化されました。しかし就学前教育は読み書きよりも自由な遊びに重点を置いています。あくまでも一年生へのゆるやかな移行期間なのです。

そもそも、小学校の入学の年齢も大まかにしか決まっていないのがデンマークの教育システムです。入学の基準は年齢ではなく、成長の度合いです。

その子に合った教育を受けることをなによりも大事にします。教育の平等とは、同じ年齢からスタートして同じ内容を学ぶのではなく、その子に合った時期にその子の成長に合った教育を受けることがこの国の考える平等です。だから、早生まれなどで「この子にはまだ早いな」と思えば、もう一年待つこともあるのです。六歳になったらみんなが一年生になる日本とは大きく違う考え方でした。

6 オトオップゴーデン知的障がい者作業所

ボーゲンセ国民学校を見学した後、私たちはオトオップゴーデン知的障がい者作業所を見学しました。デンマークでは一九五九年にノーマリゼーションによる知的障がい者の生活支援が始まりました。具体的には「知的障がいのある人の生活を障がいのない人の生活条件に可能な限り近づける」ということで、ここで言う「可能な限り」は「人々が全力を注ぐ」ということです。それゆえ、知的障がい者の就職率は一〇〇％ということです。これは、作業所がとてもしっかりと運営されているからだ、と考えられます。

デンマークでは、社会サービス法に基づいて、自立した生活ができないと認定された人は、その人が自律して生活ができるように十分な早期年金と住居を保障しています。そのため、障がい者は生活のための収入を得る就労を必要とはしていません。

私たちが訪れたオトオップゴーデン知的障がい者作業所は、二五年の歴史があります。ここでは、仕事としてバーベキューの鉄板を作る、鳥の巣箱を作る、本を制作する、ブラシを作る、アクセサリーを作る、洋服を作る、絵を描くなど多様な作業を行っています。作業者が興味のあること、好きなことができるようにして働いているのです。

オトオップゴーデン知的障がい者作業所の玄関。戦争と平和を描いている。ここは以前、弾丸をつくる工場だった。

ここでは八人の利用者に対して、二人のペタゴーが配置されています。見学者である私たちに作業の様子を説明してくれた人が、すべて知的障がい者であることに、とても驚きました。障がい者とそうでない人との違いが、ここでは分かりにくいのです。

この作業所の特徴は、作業のプロセスをすべて作業者に教えるということです。「作業の意味を考える」といっても良いのかもしれません。

たとえば、巣箱を作る作業をする場合、森に出かけて木を見る、製材所へ行く、巣箱を作る、巣箱を発送する、春になって鳥が巣箱に入っているところを見る、という工程です。作業者は全体を知ってから各々の作業を行うので、自分が生産のどこの作業過程をしているのかを理解しています。また、作品や製品を自ら発送することが、仕事の達成感につながっていました。

この一連の作業を行うことで、新しい知識を身につけることができるようになるのだそうです。職員は「私たちはあなたができるということを信じているよ」というメッセージを絶えず作業者に

（上）作業場に展示している巣箱。絵とともに巣箱が飾られている。森のような絵の上にかけられ、作成した巣箱がどのように使われるか、作業者に理解しやすくなっている。（下）作成中の巣箱。

ベンツ所長から作業所の理念について説明を受ける視察団。

伝えていきます。

また、利用者と職員は対等な関係です。職員は教える役割を持っているにすぎず、「人と人」との関係の中で、作業所は運営されています。ベンツ所長は、「工場の下請け作業のようなことは絶対にさせない」と話しました。職員は何より対話を重視しています。そして、ヒューマニズム、リアリズムを理解して、知的障がい者に接しています。何か問題が起きたり、課題が見つかったりした時には、職員は何度も何度も話し合いを重ねて解決していくのだそうです。解決するまで話し合いを続ける、というその姿勢に、デンマークにはこのような、時間をかけた話し合いの仕組みが、あちこちで作られているのだと感じました。

オトオップゴーデン作業所は設立二五年を迎えました。二五年前には、障がい者にすべての作業のプロセスを教える必要はないと考えられていました。プロセスを教える必要がないと考えられている中では、なかなか他の作業所からこのやり方を認めてもらえず、苦労されたそうです。しかし、職員が何度も何度も話し合って、障がい者にとって一番良い方法を模索する中ですすめてきました。

現在では、すべてではありませんが、このような作業所が増え始めてきたそうです。知的障がい者の本当の幸せを考え続けていくという、この姿勢がまさに「全力を注ぐ」ということなのだ、とわかりました。

ここでは、性の尊重にも力を入れています。社会省（日本の厚生労働省）が「障がいがある人への性教育を正しく行わなければならない」と指導しているそうです。妊娠をしても育てることが困難な人に対しては、避妊を教えなくてはならないし、それでも妊娠した場合には、国が責任を持って育てていかなければならない、と考えています。

ここで私たちは、デンマークの対話によるシステム作りを学ぶことができました。たとえ障がいがあろうとなかろうと、同じ人間としてのかかわりの中で、相手を尊敬する姿勢に、そこで暮らす人々が幸せだと感じる理由を、少しだけ理解できたような気がしました。

7 バッケゴー国民学校

❁ランチタイム

コペンハーゲン市郊外にある人口約六万九千人が暮らすゲントフ市。バッケゴー国民学校には五歳から一六歳のこどもたちが六五〇人通う、この国では大きな学校です。

0年生のこどもたちのランチタイム。パンとチーズとヨーグルトが多い。

学校に到着したのは午前一一時。ちょうどランチタイムです。ペタゴー主任のクリスティーナ先生は、私たちに学校内を案内してくれました。

始めに入った0年生の教室では、こどもたちが家から持ってきたお弁当を食べていました。ランチボックスに入ったパンとチーズと、教室内の冷蔵庫に冷やしておいたヨーグルトが昼食です。パンのかわりにクラッカーを食べている子、クッキーのようなものを食べている子もいました。日本の学校給食の主食、おかず、牛乳、デザートと盛りだくさんなものと比べたら、あまりに簡単な食事なのでびっくりします。「成長期のこどもたちにこれで大丈夫なの？」と思わず言いたくなるような食事でしたが、こどもたちはおいしそうに食べ、ランチタイムを楽しんでいました。

0年生の授業は一一時半までです。ランチの後、ほとんどのこどもは学校内にある学童保育へ移動します。低学年（一〜三年生）の授業は一三時まで、高学年でも一四時半には下校します。低学年は多くのこどもが学童保育に行きますが、高学年になると学童保育に行かず、自分で家に帰ることもできるそうです。

ランチを終えた0学年では、当番のこどもがテーブルを拭いたり床を掃いたりして、教室の掃除をしていました。当番でないこどもたちは、防寒着を着込んで外に遊びに行きます。デンマークでは一日二回子どもを外で遊ばせるそうです。これは、北欧という日照時間の少ない国で、こどもの健康な発育に欠かせないことなのでしょう。保育園でも、赤ちゃんのお昼寝は、よほどの寒さでない限り屋外でするると聞き、本当に驚いてしまいました。

このように小さいうちから将来の健康を維持するための長期的な視野に立って、こどもを育てていることに、それも学校や保育園が責任を持って取り組んでいることに、この国のあり方を見る思いでした。

❁掃除

デンマークでは、机の下、裏側には椅子を収納するスライドのようなものがあり、席を立つときに椅子をスライドの中にしまいます。すると、椅子が床から離れたままになるので、床の掃除が手間なく綺麗にできるのです。掃除は、当番の人がするのですが、その掃除をする人のために、席を立つ人は自分の椅子をスライドの中に入れます。そのひと手間をかけることで掃除が効率的にできるのです。掃除をする人の立場に立った、ちょっとした心遣いと工夫です。私は初めて見るこの机のつくりに、とても感動しました。日本でもこの形の机を探してみたいと思いました。とてもいい机なので、日本でも広まれば、掃除をするのがぐんと楽になることでしょう。

このように、デンマークにはなるほどと思うような、人に優しい細かな仕組みがあちこちに見られます。

図書館には、くつろげるように様々な形の椅子が置いてあります。また、日本では電車やバスにベビーカーで乗るのは気を遣いますが、デンマークでは電車やバスにベビーカーが安心して乗車できるようになっています。校長先生や事務をする人の机は長時間座っていると腰を痛めるので、高さが変わるようになっています。一日中座っていると健康に良くないので、立って事務仕事ができるようになっているのです。

これらは、きっといろいろな生活の工夫をみんなで話し合うことで生まれてくるのでしょう。一週間に三七時間以上働くことはないというデンマーク。

人を大切にすることは、医療費の削減にもつながります。このような国民の病気を未然に防ごうとするデンマークの努力や考え方は日本にはないものであり、本来はそうあるべきだと思いました。

掃除しやすいよう、椅子を収納するスライドの付いたテーブル。
人を大切にする社会がここにも現れている。

❁高学年の様子

高学年の教室では、黒板の前の机に座った先生とこどもたちが、対話を通した学びをしていました。「机の上に座って話を

授業中のこどもたち。机の上に乗るのも自由。静かに話を聞いている。

する先生」というのは日本ではめったに見られないと思いますが、デンマークでは普通のことでした。こどもたちも窓に座ったり、机に寝そべったりしていますが、教室はどこもとても静かです。学習態度として、こどもがどのように話を聞くかは自由であり、注意されることはありませんが、先生が誰かと話をしている時に、口をはさむなどその対話を邪魔する行為があれば、厳しく注意を受けていました。注意を受けたこどもたちは、先生の「シー！」という強い言葉に黙ります。注意を受けたことで反省したのか、その後は口を挟むことはありませんでした。

高学年は教科によって先生が変わります。この学校では学習進捗度別にクラスを分けてみたり、男女別に分けてみたり、と多様なグループで取り組む学習を試みているそうです。

また、興味深かったのは毎年クラスのルールを決めていくときに、先生たちは民主主義を踏まえたルールを作るために、対話によって決めることを大切にしていました。「自分の意見を言いなさい」と小さい頃から家庭でも考えを求められて育ってきているこどもたちです。クラスのルールを決める時にも、互いの意見に耳を傾けて対話を重ねながら、みんなが納得できるルールをつくっていきます。みんなで作ったルールだからこそ、みんなで守っていくことができるのです。

学校内のカフェでおやつを準備するペタゴーと、食べるこどもたち。

また、クラスのルールだけでなく、「クラスで学校に対する要望をまとめて、学校に伝える」といったことも行われています。学校は、民主主義を学ぶ大切な場所です。

五年生からは週二回調理実習があります。栄養と健康について学びながら、自分の食べるものを自分で作る力を身につけていきます。デンマークは家庭で過ごす時間が日本に比べて長いようで、こどもたちは普通四歳くらいから家のお手伝いをするそうです。調理実習の学習にあわせて、五年生ぐらいから料理の手伝いも積極的にするようになるそうです。

体育館ではいろいろなスポーツを楽しみますが、驚いたことに「男の子タイム」と「女の子タイム」というのがありました。その時間は、男の子と女の子が分かれてスポーツをするのです。男女それぞれ特有の遊びを楽しむことも大事にしていました。

❁学校の中のカフェ

一四時前後、低学年のこどもたちのために、カフェが開かれます。飲み物とおやつを準備するのはペタゴーです。「KYOTO」と胸に大きくかかれたTシャツを着た男性のペタゴーは、実に手際よく、今日のおやつのオレンジとバナナを切っていきます。そして、大きなバットの中に次から次に放り込んでいき

学校内にある歯科。こどもの医療費は無料で、授業中でも歯科に通う。

ます。集まってきたこどもたちは、自分の好きなだけおやつを食べることができます。あのランチタイムの簡単なお弁当の意味が分かった瞬間です。なるほど、一四時にこれだけのものを食べるのであれば、少量の昼食は納得です。

一度にたくさん食べることができないこどもにとっては、実に子どもの成長に合ったやり方だと感心しました。昼食を食べていなかった私たちのためかどうかわかりませんが、あとからソーセージもでてきました。私はおなかがすいていたので、おやつの果物とソーセージを食べることができて、本当に幸せな気持ちになりました。

デンマークでは、ひとり何個ずつというような配り方はしません。自分が食べる量は自分で決めます。自分が必要な分だけをもらう、社会の支援も自分に必要なだけ受ける、ということにつながる教育が幼い頃からなされている、と感じました。

❁ 歯医者さん

デンマークでは一八歳までの子どもの医療費はすべて無料です。驚いたことに学校内に歯医者さんがあるのです。こどもたちは授業中でも歯医者に通い、一八歳までに歯列矯正を完了しますので、

折り紙に興味津々のこどもたち。

デンマークの人の歯はとても綺麗です。

一八歳以降歯医者にかかると高い治療費を払わなくてはなりませんが、一八歳までに歯列矯正まで終えていると、その後高齢になるまで歯医者にお世話になる回数はうんと減ることになります。高齢者になるとまた医療費が無料になる福祉国家ですので、病気にならないための予防に税金が使われることはとても合理的だと思われます。

❁低学年学童保育

校内にひときわ色鮮やかな部屋がありました。そこは優しい音楽が流れ、こどもたちの描いた作品が壁一面を埋め尽くしていました。ここは低学年のこどもたちが過ごす学童保育です。そこにはふたりのペタゴーがいました。

その一人、ベンテさんは、芸術家を夢見てアメリカやヨーロッパ各地で生活をしてきたそうです。その後デンマークに戻り、ペタゴーになったとのこと。ベンテさんは陽気で気さくな人柄でした。こどもたちもそんなベンテさんが大好きで、高学年の学童保育に通うこどもたちが、つくったおやつをベンテさ

ひときわ明るい雰囲気の低学年学童保育。こどもたちが過ごしたくなる工夫がある。

んに食べてもらおうと、わざわざ届けに来ました。

ベンテさんは「私のこどもたちよ」といって、こどもたちを私に紹介してくれました。こどもたちをしっかりと抱きしめるベンテさんの姿に、ペタゴーって素敵な仕事だ、と心から思いました。

私はベンテさんにおいしいコーヒーをいれてもらい、簡単な英語でのおしゃべりを楽しみました。ベンテさんには二人の娘さんがいて、シングルマザーで二人を育ててきたこと。仕事も生活も毎日とても楽しいこと。デンマークは税金が高いけれど、年をとっても、たとえ病気になっても心配がないので「私たちは恵まれている」と語ってくれました。世界各地で生活したベンテさんの言葉に、私は深くうなずいたのでした。

❁ 労働時間

午後四時になると、学校内はこどもを迎えに来たお父さんやお母さんでごった返します。

日本の遊びを紹介しようと、私たちは、折り紙、けん玉、こまなどを持ってきていましたので、学童保育の時間、こどもたちといっしょに遊んでいました。

親が迎えに来てもこどもたちは楽しくてたまらないので、なかなか遊びをやめようとはしませんでした。その様子を、親たちは遠巻きに楽しそうに眺めています。だれ一人「早く帰ろう」とこどもをせかすことなく、こどもが遊んでいるのを楽しげに見ている様子が印象的でした。この国の人々は本当におだやかで、イライラした感じを受けないことに改めて驚きます。

デンマークのほとんどの企業で、労働時間は三七時間を超えないようになっています。残業には一・五倍から二倍の賃金を払わなくてはならないからです。二倍も払うのであればもう一人を雇うことになり、ワークシェアが進んでいますので、こどもの迎えにはお父さんがたくさんやって来ます。午後三時半から帰宅ラッシュが始まるというデンマーク。こどもを迎えにいき、一緒に家に帰って夕飯をつくり、夜は家族いっしょの時間を過ごす。労働時間に規制があり、家族の時間が確保されて初めて、対話による丁寧な家庭教育がなされるのでしょう。今の日本の労働時間の長さは、家庭でこどもを育てることを保障していないように感じました。

8　グレナス・ミーナ・プロジェクト学校

私たちはヤニー・ニルセンさんが教諭として勤めるグレナス・ミーナ・プロジェクト学校を訪れることを楽しみにしていました。というのも、このデンマークの旅を決めた時から、佐賀県学童保

日本を知る交流授業で熱心に聞き入る学生。

育支援センター専門支援員の青柳達也さんが、アメリカで演劇を学んでいた時の友人であるヤニーさんと連絡を取り合い、旅の後半の訪問先との連絡調整などをお願いしていたからです。

この学校は、フォルケホイスコーレと呼ばれる市民大学のようなものの一つで「民衆の大学」という意味があります。一八歳以上の人なら誰でも学ぶことができます。入学するには試験もなく資格も問いません。ここでは、ペタゴーも寝食を共にして支援を行い、学生は共同生活を送りながら、義務教育では学べなかったものを学ぶところです。

この学校では、食事をしたりお茶を飲んだりしながら対話を重ねることを、とても重要だと考えています。フォルケホイスコーレは、行政から独立している私立の学校です。

創立者のグレナス・ミーナさんには、知的障がいのある妹がいました。妹を通して「障がいがあっても普通に暮らしていく」そういう当たり前の願いをかなえるために、グレナス・ミーナ・プロジェクト学校を創立しました。ここには一八歳から二五歳の自閉症や知的障がいがある若者が、寮で生活をしながら花の栽培をしたり、溶接作業をしたり、油絵を描いたり、アクセサリーを作ったり、様々な活動に取り組んでいます。航空機内で使うヘッドフォンを分解して、掃除もしていました。

七〇名の職員がいて、その中には二五人の教員、一五人のペタゴーが含まれています。この学校には三年間通うことができます。私立学校であっても申請すれば利用料全額を自治体が負担をする仕組みもあります。手続きをすることで個人負担がなくなるというのは、さすが福祉国家デンマー

グレナス・ミーナ・プロジェクト学校の外観。「学校」ではあっても、自由な雰囲気が建物からも伝わってくる。

グレナス・ミーナ・プロジェクト学校に併設されている園芸場。

日本のことを知る交流授業で、けん玉に挑戦するグレナス・ミーナ・プロジェクト学校の学生。

クだ、と思いました。

この学校では、一人ひとりにあわせた支援を行いながら、就労を目指していきます。障がい者には早期年金制度があり、一人で暮らしていくことができます。デンマークでは働くことはあくまでも自分の楽しみのためです。賃金は低くても、生活の保障はあるので、デンマークで働くことは生きがいを持つことなのです。

ヤニーさんは「日本のことを知る」交流授業を行いました。私たちは、学生さん一人ひとりの名前を日本語で書き表したり、けん玉や折り紙を紹介したりしました。インターネットを使い、ユーチューブで日本の文化と触れ合うことができる時代。日本のアイドルやハローキティ、アニメのことを詳しく知っている学生もいました。日本という国そのものは知らなくても、アニメが日本文化を伝えてくれているのです。国と国が交流するということは、文化に興味を持ち、人との出会いで深まっていくのだ、と実体験しました。

「本人に理解する力がなかったとしても、やろうとする気持ちがあれば可能な限り手伝い支援する」というこのペタゴーの姿勢は、教育のあり方を改めて考えさせられるものでした。

第1部
デンマークの
学童保育

III

議員も務める教師のいる学校

議会が身近にある政治の仕組み

9 クリスチャン・ハウン国民学校

旅の六日目、私たちはコペンハーゲン市にある、クリスチャン・ハウン国民学校を訪れました。外はまだ暗い朝八時、一年生の教室の前の廊下は、登校してきた親子であふれていました。親たちは、こどもの防寒着をぬがせ、教室の椅子の背もたれにリュックサックをかけます。

このようなこどもの世話をする親の半数が「お父さん」であることに、目を見張ります。実に手際よくこどもの準備を整えて、こどもにキスをして颯爽と仕事に向かう姿は素敵だなあ、と眺めていました。日本の登校風景とはまったく違い、こどもとの関わりも日本のお父さんとは一味違うようでした。デンマークでは高等教育を受けた女性の就労率は八五％以上です。家事も育児も男性の参画はすすんでいます。

クリスチャン・ハウン国民学校はとても古い建物です。教室は日本ではあまり見られない長方形で、こどもたちの机が横に長い教室に合わせて五つのグループに並んでいます。ひとつのグループは四人から六人で、二人がけの机を合わせて、向き合っています。

それぞれの机には引き出しはなく、各自の学習用具は教室の棚にあるファイルやかごに、まとめておいてあります。個人のロッカーはありませんでした。

ぬいぐるみやおもちゃがおいてあるのは、学童保育が授業開始の朝八時まで、同じ場所で行われているからでしょう。教室内は色とりどりに飾られており、天窓にはこどもたちの作品が貼りつけ

クリスチャン・ハウン国民学校。横長の教室に合わせてグループごとの机に座る。

られていました。こどもたちの服装も実にカラフルで、帽子をかぶったまま、スカーフやマフラーをまいたまま授業を受けています。こんなに小さくてもおしゃれを楽しんでいるようです。

先生が出席をとり始めた時、ひとりの女の子がなにやらごそごそとリュックの中からお菓子をとりだして、食べ始めました。きっと朝ごはんが十分ではなく、おなかがすいてきたのでしょう。先生も特に注意するでもなく、女の子はひたすら無心に棒にキャラメルがついたお菓子を食べていました。昔、教科書の影に弁当を隠し「早弁」をしていた高校生時代の自分を思い出しました。「早弁」は先生に見つかると怒られるので、涙ぐましい、様々な工夫を凝らしたものでした。

デンマークでは「食べる」ということは、本人が必要だと思うときに必要なものを食べるという習慣があるようで、日本とずいぶんと違うものだと感じました。

一時間目は国語です。えんぴつを忘れている子がグループにいると、すぐに「はい」と、友だちが差し出します。困っている友だちがいたら、すぐに助けるということが、一年生

英語の授業で、コマーシャル作成をする八年生。

であっても身についているのだ、と目の前の光景を見て思いました。ここでも、先生は机に腰掛けて授業をすすめます。質問に答えようと、こどもたちは人差し指を一本立てて、手を挙げます。二一人の一年生がいる教室は、とても静かに学習が進んでいきました。

❁八年生

八年生の授業を見学しようと、担任のヤコブ先生と一緒に教室に向かいました。八年生は日本の中学二年生にあたります。先生は教室の鍵を持っていて、こどもたちは先生が来ないと教室に入れません。こどもたちは、先生の到着を廊下で待っていました。
九時から始まる一時間目は英語の授業で、「英語を使ってコマーシャルを作ろう」という学習です。これは「英語を学ぶ」のではなく「英語を使って学ぶ」または「英語を使うことを学ぶ」内容だと思いました。八年生の多くは英語での会話がある程度できるようになっており、英語を使った表現方法を身につける段階にきているのです。それでも、英語が苦手な生徒もいて、グループの中で話し合い、協力しながらコマーシャル作成をすすめていました。

靴のコマーシャルを作るグループは、ノートに場面ごとのコンテを描き、配役を決め、練習をしていました。リーダーシップのある女の子がグループを引っ張っていきます。自動車のコマーシャルを作ろうとしているグループもあります。何のコマーシャルを作るのかは、各グループが話し合って決めていました。

デンマーク語で立てたコマーシャルプランを英語で清書していくことも授業で行われ、分からない言葉は辞書を使って調べていました。教室にはコンピューターが二台おいてあり、インターネットでコマーシャルのモデルを探しているグループもありました。

二時間目は二〇分間ひたすら読書の時間です。毎日、教科書を黙読する時間をとりいれているそうです。一時間目とは違い、静かな時間が流れていきました。本を忘れているこどもが三人いましたが、その二〇分間は静かに待っていました。特に本を忘れたことを先生から注意を受けるわけでもありません。自分が忘れたら自分が困るだけなのです。驚いたことにそのうち一人は、なんとリュックから取り出したスナックを食べ始めました。次にコーヒー牛乳をのみ、チョコレートを食べます。彼女はこの時間をつかって、ランチを済ませたようでした。

教科書を読み終えたこどもたちは、コマーシャル作りを再開しました。

八年生は日本の中学二年生ですが、学習風景を見ているとずいぶん大人だと感じました。視察に加わった高校二年生の長尾一平さんも、デンマークのこどもたちの大人びた様子を見て、驚いていました。

読書の時間は静かだったこどもたちは、リラックスした様子でコマーシャル作りを再開した。

❁ヤコブ先生

「どうして教師になったのですか？」と八年生担任のヤコブ先生に尋ねました。すると、「こどもが好きだから、そして自由な時間が持てるから」と答えました。

ヤコブ先生は教師歴三年の三五歳。教師になる前はいろいろな国を旅していたそうです。国語・英語・体育が専門で、一人の教師が持つ教科はだいたい二～三教科です。ヤコブ先生は七～九年生を教えています。一週間の勤務時間は二三時間で、授業が終われば家に帰って仕事をするそうです。この日は一一時半には、「授業がこれで終わりなので、家に帰ります」と言っていました。

デンマークでは教科書や教える内容も教師に委ねられる部分が多いので、責任も重く、十分な授業の準備や教師としての資質向上も自分で行っていかなくてはならないのです。

この学校では全体の五〇％が高等学校へ進学し、それ以外のこどもは職業別専門学校へ進学します。デンマークでは、職人の地位が高く、職業別専門学校へ進学することは、就労のためによいことと考えられています。職業別専門学校は、それぞれの職業のための知識や技能を教えてくれる学校です。

「青少年の非行為など心配なことはありますか」と尋ねると「たばこはないが、飲酒はあるかもしれない。ただし学校内ではない」ということでした。学校外のことは教師がかかわることはないので、そこは社会が考えることなのだと感じました。日本の中学校の先生の生徒指導と比べると、大きな違いだと思います。

職員室には、サロンのような広いテーブルやくつろげるソファがあり、気分転換をするためかダーツまでおいてあります。先生たちは休み時間にコーヒーを飲みながら、語り合い、交流をするのです。教師個人の机も見当たりません。授業の準備は自宅で行われているようでした。これも日本の学校とは大きく違う光景です。

部活動などはなく、スポーツには学校ではほとんど関与していません。個人で様々な地域のクラブに通い、エリートの素質があるこどもは、エリート教育をするプライベートなスポーツクラブに通っているようです。こういったスポーツクラブはとても盛んで、週一〜二回、学校が終わった後、みなそれぞれ、何かしらのクラブに通っています。サッカーや水泳、体操といったクラブが人気のようです。

※二〇一四年八月に行なわれた学校改革により、教員は、週三七時間の勤務時間を学校内で勤務することになりました。教材の準備など、自宅で行うことが認められなくなり、現在は学校内に教員それぞれの机が設置されています。

コラム

日本人ママから見たデンマーク

「もうちょっと、こどもたちを頑張らせればいいのに、とよく思うんですよ」

デンマーク人の夫と二人のこどもと暮らす陽子さんは言いました。

九年前に日本からやってきた陽子さん。デンマーク語を習おうと外国人向けの教室に通い始めると、必ず「あなたの意見はどうなの？」と何度も聞かれて、戸惑ってしまったそうです。

デンマーク語の教室では、一つの話題に各自の意見を言い合って進んでいく授業形式。好きな食べ物から政治の話まで、語学レベルが上がって行くに連れて話題も多岐にわたり、いつも自分がどう思っているかが基本となって、学習が進んでいきます。好きか嫌いか、どうして好きか嫌いか、あるいはある状況について、良くなると思うか、何が間違っているか、自分なら何がしたいか、どうしてそうしたいのかなど、すべてのものとの関わりの基本は、自分はそれについて、どう思うかということから始まるのだそうです。

また、専業主婦という概念がないデンマークは、日本のようなママ友の存在はなく、平日の昼間は皆働いており、カルチャーセンターなど、でかけるところもないそうです。デンマークの女性の就業率は八〇％を超えています。

ある日、陽子さんの職業を尋ねた小学生に「家事をしている」と答えたところ「陽子は毎日が休日なんだ」と言われたとのこと。「これには驚いた」と言っていました。デンマークの福祉国家は、働いている人が納める税金でなりたっているという意識が強く、働いていないと、国から補助をもらっていると見られます。実際、最低賃金の労働で働くより、失業手当の方が高額だったりする場合もあるそうです。国家にぶら下がっていると見られると、尊敬はされません。

デンマークの学校では、先生が宿題を出しません。

なぜかというと、宿題を出すと、宿題提出後の点検の仕事が増えるからのようです。先生が国から認められている休暇をとって、こどもたちの休みの期間以外にも、スキーに行ったり、コンサートに行ったりしてしまうこともあるそうで、これは日本人の陽子さんにはなかなか受け入れにくいところです。

そもそも、自分のやりたいことを犠牲にしてまで、人につくすという概念がないデンマークでは、やりたいことは我慢しないでやるのだそうです。皆がそうなので、折り合わない時は、ちゃんと議論して解決策を探すので、自分の自由がだれかの犠牲の上に成り立っているわけではありません。自分の自由に寛大なデンマーク人は、他人の自由にも寛大なのです。

あまりにも放任主義のデンマーク式も、こどもたちにとってはいいことばかりではないと感じるそうです。小中学校で宿題がほとんどなく、こども自身が学校がつまらないと感じることもあったそうです。そこそこできれば、それ以上を望まなくてもよいというやり方は、本当はもっと伸びるはずの能力を伸ばさないということにもなると感じるそうです。

いかに自分の主張で相手をうならせるか、あるいは敬服させるかというディベートの技術をこどもの頃から毎日の生活で磨いているデンマークでは、こどもたちは「ああいえばこういう」ように立派に自己主張します。

陽子さんの息子さんは、高校生になりました。試験は口頭試験が多く、四十五分間自分の意見を論理的に述べるために試験時間が使われ、先生の質問に答える形式です。「順序立てて、どうしてそう思うのかを第三者に説明する」という教育が徹底されています。

自己主張することだけに力を注いでいるように見えることに、やや物足りないと感じるそうです。

私も学校の授業の様子を見ていて、かなりゆとりがあると感じました。高学年の教室は、ソファなどが備えてある部屋が隣にあり、その時間の課題が終わったこどもは、くつろぎながら自由に過ごしています。授業時間の中に、友だちと話す時間がたくさんあるようでした。

「学校が好き」というデンマークのこどもたちにとって、このようなゆとりある授業の流れも学校の魅力のひとつなのかもしれませんが、日本の教育を受けた陽子さんにとっては、自己主張することだけに力を注いでいるように見える教育が、物足りなく感じているのも事実でした。

最近では、このようなデンマーク特有のゆとり教育も、いろいろな議論がなされてきています。もっと勉強させようという論調が優勢になってきているので、今後は変わっていくのではないかと感じるそうです。

コラム

男女分担の家事労働

男性と女性の家事労働時間の差が、先進国の中で世界一少ないと言われるデンマーク（二〇〇五年内閣府調査）。女性も男性もみな働くデンマークでは、家事の分担も公平に行われていなければうまくいきません。

これは一九六〇年代ウーマンリブの嵐が先進国の女性たちを中心に吹き荒れたとき、デンマークの女性たちは家庭において、徹底的に男の子に家事を教えていったそうです。もし家事をさぼろうとしているのが見つかったら、耳を引っ張られて、家の仕事をさせました。「自分の意見を言いなさい」と育つ中で、今ある社会の矛盾だと感じるものに、正面から向き合い、その矛盾を克服しようと闘った世代があるのです。

また、頑張った女性だけでなくそれを後押しした男性がいたからこそ、次の世代がその制度を使うことのできる現在のデンマークがあるのです。何の努力もせずに、社会や家庭での対等な関係を築き上げたのではないのです。

デンマークでは、三歳までは母親の手で育てたほうがいい、というわゆる「三歳児神話」など、陽子さんは聞いたことがないと言います。

「狭い家の中に一対一でこどもといるよりも、多くの大人やこどもと過ごす方が社会性を身につけ、協調性を学ぶことがきる」と、知的障がい者施設に勤めるマイ・クレイマー・ハンセンさんは言いました。

働いていないと、肩身が狭いような感覚になるというデンマーク。「どこの会社で働いているのか」が問われるのではなく、「何の仕事をしているか」が大事で、働いていていることは社会に貢献している、とみなされるのです。成人が働いていないと社会から相手にされない気がするそうです。女性の就業率が高いこと、学童保育利用率が高いことにも、こんな社会的背景があるのかもしれません。

国の労働力としてだけでなく、社会保障を支える税収入を確保するために、女性の就労は必要です。戦後復興期から女性の社会進出が進んだデンマークは、専業主婦による子育てではなく、社会全体でこどもを育てる仕組みに国をあげてつくってきました。そして一九八三年には1・38だった合計特殊出生率が二〇〇八年には1・89になったのです。ここにも、日本の急激な少子化をとめるヒントがある気がします。

学校へ送ってきたお父さんと１年生の女の子。

10 移民のこどもが多く通うセレスモスコーレ国民学校

デンマークの旅の六日目、最後の訪問となるセレスモスコーレ国民学校は、コペンハーゲンから約二十キロメートル西のホーヘー・タースストラップ市にあります。セレスモスコーレ国民学校に到着したのは、午後四時でした。

校内からは学童保育中のこどもたちの声が聞こえてきました。日本人の私たちが珍しいのか、なにやら叫んでは隠れてみたり、関心をひきたいのか目の前を走って通り抜けたりしています。ここのこどもたちが一番日本の学校や学童保育に似ているなあ、と思いつつ、学校の中に入りました。

デンマークは、移民の受け入れをしています。この学校は三つの地区からこどもたちが通ってきていますが、そのひとつの地区には移民のための集合住宅が立ち並んでおり、移民や難民の多くは、言葉や文化の違いから、なかなか仕事につくことができないなどの問題を抱えています。在籍児童二一〇人のほとんどがデンマーク人ではなく、九五％のこどもたちが家に帰るとデンマーク語以外の一四種類の言語を話すという学校です。

デンマークの中で最も困難を抱える地域とも言われ、教師・ペタゴーが連携して教育に取り組んでいます。私たちが話を聞いている部屋には銃弾のあとが生々しくありました。治安も不安定な地域なのです。日本の学校によく似ていると感じた学校が、デンマークで最も大きな課題を抱える学校であったことに、私たちは衝撃を受けました。

ヘンリック副校長先生に学校の様子を伺いました。学校は八時から一三時半まで、学童保育は朝六時から八時までと一三時半から一七時までです。二〇〇九年まで、この学校は六年生までしたが、二〇一〇年から九年生まで受け入れるようになったそうです。

ここでは、移民の教育に対して手厚い支援と試行錯誤を繰り返した取り組みが行われています。学校では、ペタゴーの中に家庭と学校をつなげる役割を担うポジションを設け、家庭支援を始めているそうです。また、文化や慣習の違いから父親の育児参加が少なく、休みの日にどこかへ出かける家庭も少ないことから、学校が遠足を実施するなどして、こどもたちの余暇活動の充実を図る役割をも担います。

保護者との関係性をつくるために「親クラブ」を作り、家族やこどもが孤立するのを予防しています。保護者がこどもたちに体験活動などをさせることも非常に少ないので、学校でスポーツクラブや音楽教室、映画館の利用や、図書館の開放、絵画教室など、こどもたちの体験を増やすことをしています。

家庭の抱える困難を何とか学校で支援をしようとするヘンリック副校長先生の強い意気込みが伝わってきました。これだけのことを学校が行うのであれば、週三七時間の働きでは時間が足りないのではないかと尋ねたところ、「残業代を支払うより人を一人雇うほうが安いので、教師を増やして対応しているので問題はない」とのことでした。

ヘンリック副校長先生は「学校に問題があるので、他の学校よりもいろいろな人が力を貸してくれる。そのため学校をもっと長い時間オープンにして、様々な人が学校に来ることができるようにしていきたい。学校としても雇用を増やしていきたい」と考えていました。

私たちは、地域の問題を解決するために、学校を拠点とした支援を行うという姿勢に感銘をうけました。「教育とは人材、国民を育成するためのもの」というデンマークの教育理念をきちんと実践しているのだと感じました。

デンマークの学校はテストをすることはないのですが、この学校では珍しくテストをたくさん実施しています。それは、今までほとんど学習の機会を持たなかったこどもたちが多くいるので、基礎学力向上のためにテストを活用しているのです。テストをすることで、こども自身が自分の力を知り、自分がどんな学習段階のどの位置にいるかを確認できるので有効である、と考えています。

ただ、基本的に「テストでこどもたちの学力が分かるものではない」とも考えており、たとえば体調が悪く、テストに集中できないことなどが起こりうるので、テストはあくまでも手段のひとつと捉えています。課題解決のために必要な評価は対話で行います。こどもたちには、まわりに頼れる大人がおらず、日常の課題が山積みです。そのため先生も入って、クラスの問題を話し合う中で少しずつ対話を学んでいくということでした。

移民が多く住むエリア「ゲットー」は時に犯罪の温床となるなど、あまりにも大きな課題を抱えている地域なので、学校の職員の二人が市議会議員としても活躍しているそうです。学校と議会の仕事の二つをしていることは大きな驚きでした。議会に学校から見える地域の課題を出し、予算を増やしたり、雇用を増やしたりといった対応をしているそうです。

コラム

デンマークの医療・出産

デンマークで暮らす人々が「私たちは恵まれている」と口をそろえる理由のひとつに、病気をしても不安がない、というデンマークの医療制度に対する安心感があります。

日本と大きく違うところは、国民一人ひとりにホームドクターがいることです。このホームドクターは地域によって差はあるそうですが、約一五〇〇人ぐらいの地域にひとりの割合でいます。ホームドクターはそれぞれ一定人数を担当しますので、まずドクターの持つ人数に空きがあるかを調べて、自分でドクターを決めていきます。

前出の陽子さんの家族のホームドクターは、一人ではなく、各々が自分の体を守るにふさわしい信頼できるドクターを考えて選んでいくようでした。陽子さんと娘さんは婦人科に詳しいドクターをホームドクターに選んだとのことでした。女性の体は女性のほうがわかると判断したそうです。どのホームドクターが良いかということは、知人や友人の体験談や噂で判断するしかなく、当たり外れもあります。人気のあるドクターは定員数がいつもうまっており、定員に空きがないと、自分のかかりたいドクターにかかることができません。

ケガや病気をした時は、まずこのホームドクターにかかり、専門的な治療や手術が必要な場合は、ここで専門医や大きな病院を紹介してもらいます。朝電話をしてもその日のうちに予約をとることが、難しいのだそうです。デンマークの医師不足は深刻で、ホームドクターを探すのに苦労する地域もあり、診察してもらうまでに長い期間待たなければならないことも起こります。大きな病院の専門医もかなり不足しています。

歯科治療においては、大人は高額です。陽子さんは、日本では健康保険に入っていないため全額自己負担ですが、日本で治療するほうが安いそうです。そのため、陽子さん夫妻は日本で治療を受けています。

出産の時は、妊婦一人ひとりに助産師さんがつきます。出産後も一人の助産師さんが付いてケアをしてくれるのです。また、産後どうしても一人きりで家にこもりがちになる母親のために、同じ状況にある母親が情報交換したり、悩みを相談したりする、〝マザーズグループ〟を保健師さんの手助けで作ります。

マザーズグループは近くに住み、同じ頃に出産した母親たちを集めて、それぞれの自宅を会場にして赤ちゃんといっしょにお茶などを飲みながら語り合い、育児の話題で交流するものです。グループ作りを手助けする保健師さんも参加することもあり、五人から七人ぐらいのグループが出産後あちこちの家に集まります。

このことを通じて、母親は、出産後に何かあればサポート体制があることを実感することができます。ただでさえ不安が多い育児に対して、他のママたちと話すことで、ずいぶんと気持ちが楽になり、安心できるものになります。このグループは育児休暇が終わるまで続けていくことが多いそうです。

デンマークの母子手帳には「こどもはあなたのこどもであって、あなたのこどもではない」と書いてあります。こどもは両親だけのものではなく、国の将来を担う国の財産だ、と位置づけられているのです。陽子さんも、社会がわが子を育ててくれている、という実感を持ちながら、こどもを育てることができているそうです。

私は、このような出産後の手厚いケアや社会からわが子が大切に育てられていると感じられる制度や仕組みが、日本でも必要とされていると感じています。

スーパーで出会った親子。忙しい夕方でも写真のお願いに快く応じてくれた。

11 ペタゴーであり市議会議員でもあるマリアン先生

「デンマークで最も困難を抱えている学校」と、ヘンリック副校長先生が語った、セレスモスコーレ国民学校。その学校のペタゴーとして、勤務するマリアン先生と出会いました。

家庭の状況を把握しながらこどもたちに寄り添い、保護者を含めて学校と家庭をつなぐ仕事をしているマリアン先生は、任期一期目の市議会議員でした。デンマークでは市議会議員はボランティア活動として行うもので、議員報酬はなく無給で議員活動をしていました。マリアン先生のホーヘー・タースストラップ市では、議員定数二一人のところに、百人以上が立候補しました。

政治は趣味からはじまるというデンマーク。市議会議員は、職業を持った人が仕事終了後の余暇活動として行っているのです。一週間の労働時間が三七時間のデンマークで、議会活動を二八時間して、週六五時間も働いているのです。

議員であるために必要なことは「問題解決に向けてのエネルギーをもっているということ」とペタゴーであり、市議会議員のマリアン先生は語りました。

マリアン先生は現在四〇歳。二人のこどもを育ててきたシングルマザーです。イランからの難民で、一九歳のときにデンマークへ逃げてきました。難民であっても被選挙権が与えられるデンマークの政治の仕組みそのものに、感嘆します。そしてマリアン先生は、二〇〇九年一一月に市議となったのです。自分のように外国から移住して苦労している人のために働きたいと思い、人々の

セレスモスコーレ国民学校のペタゴー（生活支援教諭）で市議会議員のマリアン先生（右）。

つながりによって問題を解決することに興味を持ちました。そして「少しでも社会をよくするためにできることをしたい」と立候補したそうです。特にセレスモスコーレ国民学校の大きな課題を前に政治家としての活動も必要だと感じたようでした。隣にすわるヘンリック副校長先生に「副校長先生は議員にならないのですか？」と尋ねると「自分はそんなに長くは働くことはできません」と笑いました。「議員に立候補すると選挙の費用などお金がかかりますか？」と尋ねると「かかるわ！　二〇万円くらい！」と言われました。自分の理念や政策などを書いたパンフレットをつくるのにお金がかかるそうです。自分の主義や主張は新聞に投書したりもするのだそうです。これは、デンマークでは一般的に議員活動として行われているとのことでした。

教育や企業活動などを通して、現場から見えてくる課題を出し合い、議会という場で智恵を出し合い、対話を深め解決策を生み出していく。そのためにも、さまざまな年齢層、性別の人たちがいないと課題そのものが偏ってくるのではないかと思いました。

デンマークは政治の仕組みもそうですが、社会の仕組みがすべてにおいてわかりやすくできているような気がします。

⑫ ホーヘー・タースストラップ市議会

私たちが政治の仕組みに興味を持ったため、マリアン先生は私たちを「市庁舎の中にある議会場へ行ってみないか」と誘ってくれました。まさか、議会場や市庁舎の中に入ることができるとは思ってもみなかった私たちは大喜びで「ぜひ行きたい！」とお願いしました。

ホーヘー・タースストラップ市の議員定数は二一名。うち五名が女性です。この割合は、デンマークでは平均的な割合だそうで、「女性はやはりこどもを育てるなどの理由で長時間拘束されるのは厳しいので、女性議員が少ない」とマリアン先生は言いました。三〇歳から四〇歳が議員の平均的な年齢で、議員をすることに年齢や性別は関係ないそうです。国会議員の平均年齢も五〇歳に満たないそうです。

マリアン先生は「議員は、社会に貢献したいという熱い思いと行動力をもちあわせていれば、誰でもできる」と言い切ります。たとえ外国からの移住者であっても、地方コミューン（注）であれば、すぐに被選挙権があるそうです。政治が特別なことではなく、ごく自然に市民の生活の延長線上にあるのではないかと思いました。

ホーヘー・タースストラップ市議会では、一般の人も最初の三〇分は参加することができます。その後は後ろの席で傍聴します。議員はそれぞれ職業をもっており、夕方以降に議員活動を行うため、議員は市庁舎の鍵をもっているのです。この市の投票率は五〇％から六〇％で、デンマークの国政選挙の投票率八〇%から九〇%に比べると低くなっていました。リーマンショックの影響を受けて、学校を閉鎖するかどうかを議論する案件の時には、市民の関心が高く、傍聴席には立ち見が出るほどだったそうです。

学校から車で一〇分ほど離れた市庁舎に着いたのは、夕方五時すぎ。市庁舎にはだれもいません。あたりは暗く、まるで深夜の庁舎を訪れたようでした。ヘンリック副校長先生も一緒に来てくださり、庁舎を案内してくれました。

庁舎の机は、一日中座ったままで事務作業をしていると腰に負担がかかるので、他の場所と同じように高さが自由に変わります。時には立って仕事をすることで、腰を痛めることを防ぐのだそうです。それでも一週間に三七時間以上は働かないのですから、いかに同じ姿勢での事務作業が体を痛めているのかと、日本での日ごろの自分の生活を振り返ってしまいました。

あちこち訪問するたびにいつも、おいしいお茶やコーヒーをごちそうになってきましたが、驚いたことに庁舎の中にも、誰でもが利用できる日本のファミレスのようなドリンクバーがありました。ここでも、私たちはお茶を自由にいただきました。「必要な人が必要なだけ飲み物を飲む」そのことを社会が保障している姿が、ここでも見受けられます。きっとこのような生活の豊かさを感じることができれば、高い税金は納得がいくのだと思います。また、「自分の必要以上は受けとらない」という市民の規範も、一八歳までの学校教育を通して身につけていくのだと感じました。

庁舎の中にある議会場前の通路には、歴代の議会議員の集合写真が飾られていました。どの年代も市長を中心に議員のポートレートがならび、親しみが持てるような工夫を凝らしていました。あ

ホーヘタップ・ストラップ市庁舎の中の市議会場。半円の真ん中が議長席。手前が傍聴席。

る年代は、議員それぞれの趣味の品と顔写真があり、「水泳が得意」だとか、「ジョギングを趣味としている」などが一目で分かる、楽しいものでした。議員一人ひとりの自然な笑顔が素敵です。

議会場に入ると、正面に大きな絵が飾られ、二〇席が議長を中心に半円状に並んでいます。残りの半円は市民のための約一二〇席の傍聴席です。議員席は傍聴席に向かって開かれており、全体的に傍聴席の市民といっしょに話し合っていくという配置になっていますので、議会場のつくりからも政治が開かれていることが実感できます。日本の議会場は質問する人と答弁する人が向き合っていて、何となく対立するような配置になっていると感じました。

議会場のすみにピアノが置いてありました。この議会場で結婚式も行われるそうです。議会場が本当に市民生活の一部になっているることが伝わってきました。政治がボランティアでおこなわれるこの国のありかたは、シンプルでわかりやすい、と感じました。だれもが政治参加するためには、日本でももっと工夫をしていかなくてはならないのではないかと思いました。

(注) デンマークは五州九八市町（コミューン）に分かれ、徹底した地方分権体制がとられています。医療については州が、児童・高齢者福祉については市町（コミューン）が担当しています。これは「暮らしに密着した福祉サービスは、より住民に近いところで行われるべきである」といった考えに基づくもので、システムも内容もコミューンごとに少しずつ違っています。コンミューンは人口４万~５万を目安にしています。

コラム

電車の切符

電車に乗るときに切符を買いますが、デンマークの駅にはなぜか改札口がありません。切符を持ってそのままホームに入り、電車に乗り込みます。コペンハーゲンの電車の中では、検札が来るのかと思いきや、だれもやってきません。出口にも改札がなく、そのまま出て行くことに、私たちは戸惑いました。買った切符を調べられることがないのです。デンマークという国は自己申告の国のようです。電車の切符は、決められた料金を調べられようがそうでなかろうが、みな自分が利用する料金を払い、切符を買って乗車するのです。

私たち日本人はそんなことをしたら、みんな切符を買わずにただ乗りをして、あっという間に電車の会社はつぶれてしまうと考えます。そのため、切符を正しく買わない人をチェックするために様々な機械を設置したり、乗務員が一人ひとり、切符を調べにやって来たりします。

「切符を買わずに乗車する人はいないのですか」と前出のヤニーさんに尋ねたところ「確かにそういう人がいないとは言わないが、切符を買わずに電車に乗ろうとする人は、何らかの理由で教育を受けてきていない人なのです」と言いました。

そうか、教育とは本来そういうものなのだと改めて気づかされました。教育を受けることで、世の中の仕組みを理解し、自分の行いが社会にどのような影響を与えるのかを考えることができる市民、そしてよりよい社会を創造していくという主体的な行動規範を身につけた市民を育成することがデンマークの教育の目標です。デンマークではそれを一八歳までに無償で行うことで次世代の市民を育てていくのです。

電車に乗る人が自らの意思で正しく切符を買うことをすれば、改札口の機械を設置する必要などなく、設備を整える費用もいらず、検札をする人の人件費が不要となるので、電車の運賃は電車を動かすためだけに必要な運賃となります。その運賃を安くするためにも、人々は自ら正しく料金を払うのです。

水道料金なども、自分でメーターを見て申告して支払うのだそうで、そうなるとメーターを見回る人を雇わなくてすむわけです。

高水準の社会福祉を保つためには、一人ひとりが社会の一員であり、自分の行いが社会をよりよくするという自覚が重要になります。私は学童保育で見た「自分が必要なだけを食べる」というこどもたちの様子を思い出しました。

日本の中学校や高校には、細かな校則がたくさんあります。髪の毛の長さ、スカートの長さ、眉の形、靴下などなど。これらの校則のほとんどが、こどもたちが考えて話し合って決めたものではなく、学校が定めた校則として守らされます。そうしてこどもたちは、与えられたきまりを、ここまでは見逃されるのか、ここまではいいのかとギリギリのことをして大人を試します。このありようは、まるで学校教育を通して、どうにかごまかすことや、きまりを守らないようにすることをこどもたちに身につけさせているのではないかと思えてきました。

極端に言えば、学校教育をあげて決まりを守らない市民を育成しているのかもしれません。そもそもこれは、何のため誰のために守らねばならない約束事なのか――。私は、そのきまりを守る立場の人々が、意見を出し合い、決めていかなくてはならないのではないかと思いました。

車いすとベビーカー、自転車のマークが描かれた電車の車両。ベビーカーも堂々と乗っていた。

コラム

保育ママ

デンマークでは0歳～三歳の乳幼児は、保育園か保育ママに預けることができます。

保育ママは一九六〇年代の女性の社会進出に伴い、一九七〇年代にスタートした育児支援制度です。「国の資源は人である」と考えるデンマークでは、ハード面にお金をかけるより、ソフトである人にお金をかけていくことにしたそうです。保育園という施設を建設することなく、よりよい保育が可能になる方法として保育ママがうまれてきました。行政側としては保育園運営に比べ、経費がかからなくてすむという観点をもっているようです。

保育ママは保育士の資格は不要で、男性でもできます。また育児経験は問われず、十週間の講習を受けて登録します。庭が広くなければならない、保育に使う専用の部屋を確保しなければならないなど、住居に一定の条件もあります。

保育時間は朝六時半～一六時半くらいまでで、保育ママ一人につき四～五人を預かります。障がい児や困難を抱えるこどもの場合は一人を二人とカウントすることになります。月に約四〇万円が行政から支払われ、保育の人数と給与は関係ないそうです。保育をするために自宅を利用しているので、自宅そのものの維持費の控除も受けられます。

保育ママは、休みを年間七週間とることができます。その間は他の保育ママに頼むのだそうです。学校のフルタイムの教員は、週三七時間勤務です。それに対し、保育ママは週四六時間程度と長いです。その代わり、夏季休暇が一般の六週間より長いです。

保育ママにこどもを預ける親側のメリットは、家庭的であり、自分の家の近くで預かってもらえるということです。

この旅を終えて

二〇一一年一月九日、世界一幸福度が高いといわれる国の学童保育をこの目で見てみようと私たちは日本を出発しました。

デンマークの旅は、コペンハーゲンに向かう飛行機の中から本当に驚きの連続です。デンマークのちょっとした日常に触れるたび、日本での生活の中でいつのまにか「こうあるのが当たり前」とか「こうあるべきものだ」というように、考えが固まっていたものが「本当にそれが当たり前なのかな」とか「ひょっとして世界の中では日本の方が違うのかも…」と、異なる視点が見えてきて、どんどん頭と気持ちが、柔らかくなっていくような気分を味わっていました。

学童保育の幸せな姿ばかりを思い描こうとしていた私は、そもそも、「幸せとはいったい何なのか」という問いを、私自身に向かって「どう思うのか、どう考えるのか」から始めなくてはならなかったのです。それは苦しいことでした。今までの自分の生きてきた道を、見失うような不安があったからです。自分が、人と比べながら、あるいは誰かと競争をすることで、自分の立ち位置を捜していることに気づくことにもなりました。

デンマークは決して楽園ではありません。たった八日間の旅では見えなかったいろいろな問題を抱えていることを、この原稿を書くにあたって、デンマークで暮らす陽子さんに、改めて教えていただきました。二〇一一年以降、デンマークの教育に対する考え方も変わってきていて、今はゆとりと反対の方向に向かっていると感じるそうです。

自分はどう考えるかを基本として暮らすデンマークの人々は、自己主張するからこそ相手の自己主張にも寛容で、協調性が重要であることを知っています。デンマークの人々は、チームワークも大切にしているのです。

デンマークの仕組みは、国民が安心して暮らすことをとても大事に考えて作られています。生命の安全と自由を保ち、人々は対等な関係を持ちながら、確かな情報を基に、時間をかけて語り合うことで、社会の仕組みを創っています。

高い税金を納めながらも、かたや、節税の議論は国家的スポーツとも言われるほど、誰もが関心を持っているというデンマーク。たとえ病気をしても年をとっても、生活に不安なく暮らせることで「世界一の幸せな国」となったデンマークでの学びを大切にしていきたいと思います。私たちの暮らしは、誰かの不安や我慢の上に成り立つものであっては決してならないと思うのです。

デンマークの旅の記録を書くに当たっては、千葉忠夫さん、銭本隆行さん、陽子さんにアドバイスをいただきました。また、共に視察に行ったセンタースタッフの研修記録と二〇一一年二月に佐賀新聞に掲載された「幸福度一位の国から　佐賀デンマーク視察団報告」を参考にしています。ここに御礼申し上げます。

〈参考図書〉　千葉忠夫著『世界一幸福な国　デンマークの暮らし方』（ＰＨＰ新書）
千葉忠夫著『格差と貧困のないデンマーク』（ＰＨＰ新書）

第2部
フィンランドの学童保育

糸山　智栄・中山　芳一
（岡山県学童保育連絡協議会）

はじめに

フィンランドの視察に訪れた二〇〇八年。当時、フィンランドは日本で注目の国でした。OECD（経済協力開発機構）が一五歳を対象として三年ごとに行っている国際的な学力テスト「PISA」において、フィンランドは世界のトップに躍り出ていたのでした。

一方、フィンランドのイメージといえば、サンタクロースやムーミンの生まれ故郷であり、「福祉大国」スウェーデンの隣国。そして、小林聡美主演の「かもめ食堂」。傷ついた人々が食堂での人との関わりの中で徐々に癒される独特の雰囲気。白夜、オーロラ、大自然。多くの日本人は、「子どもの学力世界一」と、フィンランドのイメージとのギャップに驚き、「なぜだろう」と思ったに違いありません。かつて「教育先進国」と言われた日本にとって、北ヨーロッパの小国フィンランドは、注目すべき大きな存在となっていました。

当時、フィンランドに関する本もたくさん出版され、多くの教育関係者・福祉関係者がフィンランドを視察していました。それらからフィンランドのことを学ぶと、隣国スウェーデンの福祉制度や税制度を学び、アレンジし、フィンランド独自の福祉制度、税制度を作り上げた国であることがわかりました。

その流れの中で、日本でいう「学童保育」もフィンランド流の進化と発展を遂げていました。

「学童保育」は国営で行われ、美しくかつ整備された施設で、「一日の家」として子どもたちはそこで過ごしています。指導員は、学校の教員や保育士と同様の資格を持ち、日々の実践力を向上させているようです。

ハード（施設・設備）面も、ソフト（指導員等）面も充実した中で、子どもたちは安全に安心して生活し、成長し、親たちは安心して働くことができています。ハード面もソフト面も発展途上で十分でない日本の学童保育。でも、これから改善の方向に進んでいく予感のする学童保育。フィンランドの学童保育から何か学べるのではないだろうかと考え、独自にフィンランドの視察に行ってまいりました。そして多くのこと学びました。

この学びを岡山県にとどめることなく、全国の学童保育関係者のみなさんに知っていただければと思い、この度、二〇〇八年に岡山県学童保育連絡協議会の企画で発行した『私たちが見てきたフィンランドの学童保育』をもとに加筆しました。

視察に訪れてから五年が経ち、日本の学童保育施策も前進してきました。二〇一五年四月の大きな変革に向かって、現在各所で準備が進められています。今また、フィンランドの学童保育は、日本の学童保育の制度作りに大きな示唆を与えてくれることと思います。

視察当時、中山芳一は三三歳。学童保育指導員を九年続けた後、岡山大学大学院に通い、学童保育の研究者として歩みを始めたところでした。指導員として、また、研究者としての視点で視察しました。糸山智栄は、四四歳。地域運営委員会補助方式での学童保育の保護者として学童保育運営に関わった後、岡山県学童保育連絡協議会事務局長として、岡山県内の学童保育の支援を行っていました。また女性支援のＮＰＯ法人の事務局長であり、訪問介護事業所の管理者としての仕事をしていました。

国としての社会的基盤は大きく違いますが、本書が皆さんの学童保育実践やクラブの運営、さらには各市町村の施策づくりに少しでもお役立ていただければ嬉しいです。

コラム

フィンランドの食べもの事情

フィンランドだけにある特徴的な料理は少なく、鮭、ニシン、ジャガイモ、キノコ類、ベリー類など素材の味を生かした料理が多くあります。それぞれの素材を使った料理は以下のとおりです。

・鮭…ソテー、グリル、スープの具材として食べられています。
・ニシン…酢漬け、ロースト、フライにして食べられています。ローストやフライは一皿十匹程度は盛りつけられています。
・ジャガイモ…スープ、マッシュポテトやボイルして他の料理の付け合わせとして出されますが、付け合わせとして出される量は多めです。
・キノコ類…サラダ、スープやソースの具材としても食べられています。
・ベリー類…そのまま食べるのはもちろんのことデザートや、肉料理のソースとして利用されています。

珍しい物としては、トナカイや雷鳥、ザリガニがあります。また、サルミアッキというお菓子もあります。これは、甘草の根と塩化アンモニウムを主成分にしたグミ状のお菓子で、甘みと独特の塩味やアンモニアの味がします。サルミアッキ味のガムや飴、お酒などもあり、フィンランド人は好んで食べていますが、日本人にはあまり受け入れられない味をしています。

郷土食的な料理としては、カルヤランピーラッカ(カレリア風タルト、カレリア風パイ)があります。ライ麦の生地の中にプルンとしたミルク粥が入っており、そのままでも食べられていますが、ゆで卵やサーモンやジャムをのせてもおいしく食べることができます。

水は水道水を飲むことができます。お酒はアルコール度数の低いビールなどは、街のスーパーやキオスクで販売していますが、アルコール度数の高いお酒は、国営のリカーショップ「アルコ」のみで購入できます。なお、フィンランドでは年齢に応じて飲むことができるお酒の種類が異なっていました。

国のかたち

フィンランド

※国の概要

フィンランドは、東をロシア、西をスウェーデン、北をノルウェー、南はバルト海を挟んでエストニアと接している北欧の国です。

日本からは成田、名古屋、関西空港からフィンランド航空の直行便が就航しており、ヘルシンキまでを約九時間半で結んでいます。

北緯60度から70度の高緯度で、国土の3分の1が北極圏内に位置している割には、メキシコ湾流のおかげで気候が穏やかで、四季も比較的はっきりしています。ただし高緯度のため、夏の日の長さと冬の日の短さが特徴的です。

北極圏内のラップランド地方では、夏至前後の一日中太陽が沈まないミッドナイト・サン（白夜）や冬至前後の一日中太陽が昇らないカーモス（極夜）の時期があります。

※歴史

フィンランドは12世紀半ばにスウェーデンに攻め入れられ、19世紀初頭までの約４５０年間スウェーデン統治下に置かれていました。

１８０９年にスウェーデンがフィンランドをロシアに割譲し、ロシア皇帝を君主とする自治大公国として今度はロシアの統治下に置かれることとなりました。

19世紀後半にはロシア化政策が強行され、民族意識の高まりと共に、独立への機運が高まっていきました。

１９１７年のロシア革命の混乱に乗じて、ロシアからの独立を達成し、独立直後の内戦を経て一九一九年にフィンランド共和国となりました。

第二次世界大戦時には、ソ連軍のフィンランドへの侵攻を食い止めるために、ドイツ、イタリア、日本などの枢軸国につき、連合国側のソ連軍と戦いました。1944年にソ連軍と休戦協定を結び戦線を離脱しましたが、終戦後、ソ連からカレリア地方の割譲や巨額の賠償金を請求されました。

戦後は民主主義を守りつつ、中立的な親ソ路線をとり、賠償金も6年で支払い終えました。1952年にはヘルシンキでオリンピックが開催されると、1955年には国際連合と北欧理事会の加盟国になりました。冷戦終結後にはEUへ加盟しました。

＊文化・経済

豊かな森林資源を活かした製紙・パルプ・木材、金属・機械および携帯電話を中心とした情報通信関連事業が主要な産業です。携帯電話のノキアやコンピューターソフトのLINUXに代表されるように、近年ではIT先進国として知られています。

エネルギー資源は乏しく、石油や天然ガスは主にロシアから輸入しています。寒冷な気候のため暖房用のエネルギー需要が大きく、エネルギーは死活問題です。2カ所の原子力発電所があり、世界に先駆けて放射性物質の最終処分場「オンカロ」を作りました。

1995年にEUに加盟しており、北欧諸国では唯一、統一通貨としてのユーロ（Euro）を採用しています。

フィンランドでは、ほとんどの商品に22％の付加価値税がかかります。ただし商品やサービスによっては、税率が低く、食料品では17％、交通機関、映画、書籍、医薬品、散髪や靴の修理などでは8％となっています。簡単に言えば、生活をする上で必要な物の税率は低く、贅沢品は高く設定されていると言えるでしょう。

代表的なフィンランド料理は、カルヤランピーラッカ（カレリア風パイ）があります。

＊著名人

・ジャン・シベリウス（交響曲の作曲家）

・トーベ・ヤンソン（「ムーミン」シリーズの著者で知られる作家）

＊スポーツ

フィンランド野球とも言われる「ペサパッロ」はフィンランドの国技です。F1、アイスホッケー、サッカーが人気です。アイスホッケーの代表チームは世界最高レベルです。サッカー、ノルディックウォーキング、サイクリング、スキーなどが広く親しまれています。

フィンランドの基礎データ

正式国名	フィンランド共和国（スオミ共和国）Suomen Tasavalta（英語名 Republic of Finland）（スウェーデン語名 Republiken Finland）※「スオミ」はフィンランド人の自称。
国旗	白地に青十字。青は空と湖、白は雪を、そしてキリスト教の十字を象徴している
国歌	「わが祖国（Maamme）」
面積	33万8144㎢（日本よりやや小さい）
人口	約543万人（2013年2月時点）
首都	ヘルシンキ　Helsinki（約60万人、2012年末時点）
元首	サウリ・ニーニスト大統領 Sauli Niinisto（2012年3月就任。任期6年）
政体	共和制
議会	一院制（任期4年、200議席）
言語	フィンランド語、スウェーデン語（全人口の約5.4%）
民族構成	フィンランド人、スウェーデン人、サーメ人
通貨	ユーロ
宗教	プロテスタント（福音ルーテル派）、正教会
1人当たりGDP	45,545ドル（2012年時点、IMF）
国のGDP	2,472億ドル（2012年時点、IMF）
主要産業	金属機械、電子電気機器製造（携帯電話等）、紙・パルプ等木材関連
徴兵制	18歳以上の男子。兵役期間は6～12カ月（予備役の上限は60歳、女子は志願制）

※日本は1人当たりGDP＝46,735ドル（2012年時点）、国のGDPは4兆3180億5200万ドル（2012年時点、世界第3位）

フィンランドの教育制度

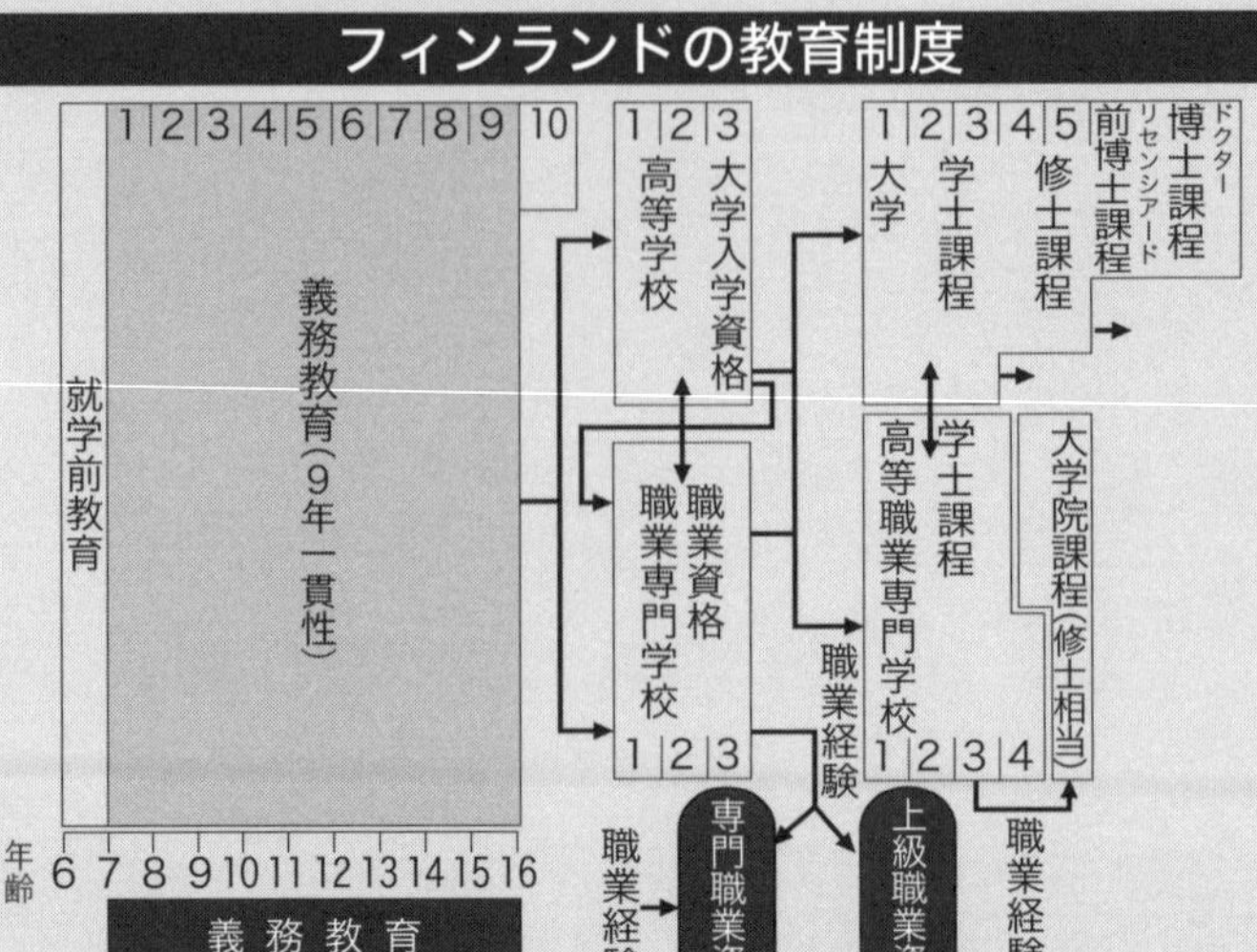

第2部
フィンランドの学童保育

I

「プレーパーク」が体現された施設と仕組み

フィンランドの学童保育を
仕組みや施設から考える

ヘルシンキ市中心部にあるタイヴィスプレーパーク。

この章では、フィンランドの学童保育の仕組みや施設などを全体的にとらえていきながらご紹介します。

❁フィンランドの学童保育施設

フィンランドでの学童保育は、「プレーパーク」という場所がその役割を担っています。日本と違うところは、学童保育専用の建物ではなく、地域の子育て支援の一つの施設として設置されているということです。

プレーパークは月曜日から金曜日までの午前九時から午後五時まで開かれていて、午前中は乳幼児やその親を対象として、戸外活動や他の親子と接したりできる「集いの場所」として利用されています。午後には複数の学区から小学一・二年生がやって来て、学童保育の時間となります。ヘルシンキ市では夏休みのランチは無料で提供されています（料金は国が負担してくれます）。

学童保育が終わる午後五時以降になると、今度は地域の中学生・高校生が様々な活動をする場所としてのユースハウスなどに利用されます。

このように、プレーパークは学童保育所専用施設というよりも、むしろ児童館的な施設に非常に近い利用状況となっています。

ビリヤードで遊ぶ子どもと指導員。

なお、それぞれの時間は正確に区切られておらず、たとえば、学童保育の子どもたちがまだいる午後四時半頃から午後五時ぐらいには、すでに中学生たちも来ていました。

プレーパークは国営で、ヘルシンキ市内には七一カ所設置されています。施設としては、一〇〇㎡から二〇〇㎡の建物と約一ヘクタール（一万㎡）の園庭があります。園庭には、遊具や砂場、水遊びができる浅めのプールなどがあります。

それぞれのプレーパーク（学童保育所）は、それぞれ独自の施設として作られています。そのため、まったく同じ施設というものはありません。また、それぞれの施設に用意されている備品も、施設によって異なっています。たとえば、土を焼いて陶器のようなものを作る活動に取り組みたいところには、土を焼くためのオーブンを申請し、備品として整えてもらうのです。

また、各プレーパークの活動では、ヘルシンキ市の担当課からの基本的なルールやプログラムに独自のルールやプログラムを付け加えて、担当課へ報告を行い、日々の活動を行っています。担当課は、それぞれの施設を管理・指導するというよりは、それぞれの施設の支援組織として、子どもたちのために指導員たちと協同でその役割を果たしています。

❁ 基本は登録制

一つのプレーパークには、三〜四つの学区の子どもたちが通ってきます。多いところでは百人近い子どもたちが通ってくる日もありますが、登録している子どもが、必要なときに来るというシステムのため、子どもが来る日、来ない日については日によって様々です。日本の職場事情と比べても、大人が仕事を休んで子どもたちと一緒に何かをすることもスムーズにできますし、そういう日は子どもたちも家庭で過ごしています。

ただし、働く親の割合はとても高いため、乳幼児保育はもとより、学童保育の必要性も高いことは言うまでもありません。この点は、指導員は登録されている子の出欠も毎日とっています。事前の出欠の把握等もしています。日本の学童保育指導員にとっても非常にイメージしやすいところではないでしょうか。

プレーパーク園庭にある遊具。

❁ 学童保育として行われる保育

基本的には、日本での学童保育のやり方とよく似ています。つまり、「生活とあそび」が中心です。フィンランドの学童保育では、指導員が無理矢理に子どもへ何かをさせるようなことはありません。これは、ヨーロッパの文化としても根強くある「自己決定権」の尊重ともいいましょうか。自分のことは自分で決めるということが、一番に尊重されるということです。（詳しくはⅡを参照）そのため、何らかの行事に向けて、子どもたちを全員参加させるようなこともほとんどありません。ただし、情報提供（きっかけづくり）として、指導員から新しいことを提案するような機会はよくあります。

（上）ピアノも置かれた部屋の一室。（下）サッカーができる広い広場。

生活リズムも大変ゆるやかです。子どもたちは、学童保育所へやって来ると、自分の好きなことができます。また、自分の好きなことができるように、指導員はバックアップしてくれます。自分の好きになれそうなことを紹介してくれるときもあるわけです。

午後三時頃になると、おやつタイムがあり、やっていることをス

プールもあり、夏には親子で水浴びをする。オフシーズンのプールはレース場になっていた。

トップしておやつに向かう子、まだやっていることをそのまま続ける子…といろいろです。みんながそろって「いただきます」をするわけではないので、好きなタイミングでおやつを食べます。

その後はまた遊びます。フィンランドの学校でも、いくらかの宿題が出ますので、その宿題に取り組む子もいます。とにかく、基本は誰にも強要されないことです。

しかし、指導員は、安全をきちんと見守りますし、いけないことをきちんと注意します。この点についてはIIに詳しく書いています。

❁ 指導員の資格と身分

ヘルシンキ市のプレーパークでは、全体で約二三〇人の指導員が働いており、多くの指導員が子どもや若者と接するのに必要な研修を受けています。

少しフィンランドの資格事情にふれておきます。フィンランドでは、大学や大学院へ通って得られる資格と、日本でいう専門学校的な養成機関へ通って得られる資格とに分かれています。これは、乳幼児保育で非常に顕著なのですが、保育園では「教師的資格」を持った保育士と「支援員的資格」を持った保育士とに分かれています。もともと子どもにかかわる仕事としてのベースとなる資格は共通するのですが、そこからさらに「教育の分野」で大学や大学院において専門的な勉強を重ねた人が、前者の教育的資格を持つことができます。

そして、それぞれの施設によって基準は異なりますが、教育的資格者□人、支援員的資格者△人というように、配置基準もあります。ただし、実質の職務内容については、この資格者だからこの仕事と厳密に分かれているわけではないようです。

工作の素材が入った棚。自由に工作ができる。

先ほどの「教師的資格」については、教員と保育士がベースとしては同じ資格を持っているということになります。つまり、学校でも保育園でも子どもとかかわる仕事であるならば、ベースとなることは同じであるということです。

学童保育についても乳幼児保育と同じように「教師的資格」を持っている指導員と「支援員的資格」を持っている指導員とに分かれます。いずれかの資格を持っていなければ、指導員として採用されることはできません。学童保育は基本的には国営で行われていますので、原則的には指導員は国家公務員ということになります。（給料はあまりよくない、と現地指導員は嘆いていましたが、立場ははっきりしてますね！）

土を焼いて陶器を作るオーブン。

❁フィンランドの学童保育の悩み

このように、施設も指導員の実態も日本と比べるとかなり充実している状況です。しかし、現地指導員によれば、やはりヘルシンキ市でも財政面から指導員の数を全体的に調整したり、施設や備品の充実に対して十分な予算が付かなかったり、といった現状もあるそうです。

それでも、日本に比べれば充実しているのですが、やはりこうした「削減問題」とは現地指導員も向き合っていかなければなりません。現地指導員が発信することで、国や市の行政も学童保育は今、何が必要かを理解をしていけるのです。

❁学童保育の前後の時間

フィンランドのプレーパークの大きな特徴ともいえる、午前中と夕方の時間帯についても少しご紹介します。

この時間については、学童保育指導員とは別のスタッフがやって来て、そこを担当しています（午前中、学童保育指導員はミーティングや研修を行っています）。

午前の時間帯は、「乳幼児とその親」を対象に開設しています。特に、お母さんが交流し、お互いにケアし合えることを目的にしています。なぜなら、職場に出ていない女性の方が少ないからです。そのため、子どもが乳幼児保育所に通っている親たち（職場に出ている親たち）ではなく、ずっと家にいるいわゆる専業主婦といわれる母親たちが、育児ノイローゼなどの問題にぶつからないように開かれているのです。日本に置き換えると、近年知られてきている「つどいの広場事業」や、保育指針にも明記された「地域の子育て支援的役割」に近いところです。午前中の学童保育所はこうした機能を果たしています。

中高生の〝ディスコパーティー〟のために設置されたミラーボールのある部屋。夕方以降は中高生のためのユースハウスになる。

夕方以降は、「ユースハウス」です。中高生のつどいの場へと様変わりします。中高生たちは、その場所を利用して自分たちのやりたいことをスタッフと一緒に企画します。ディスコパーティーやカラオケ大会、バンド活動、ビリヤード大会などなど、いろいろなことを実現していきます。

また、ときには地域のお年寄りを招いて「ビンゴ大会」などを開くことがあるそうです。そもそもきっかけは、「最近、おじいちゃんたちがスケボーをしているオレたちを『いけない子たち』だと思っているから、そんなことないって教えてあげたかった」ということでした。こうした中高生たちの活動の拠点という機能もプレーパークは果たしています。

コラム

福祉国家フィンランドが教育を豊かに

フィンランドは、とても税金が高い国です。いわゆるお金持ちは、収入から税金として随分持っていかれてしまいます。これが、「北欧的社会主義」と言われる仕組みです。

一般的に言われている社会主義国は、「もうけが同じ」です。「いくら働いてももらえる金額は同じ」というやり方では、言うまでもなく働く意欲を高めていくのは難しいことです。しかし、フィンランドやスウェーデンは、働いただけもらえる金額は違います。しかしその後で「みんなが豊かに生活する」ために助け合う「相互扶助の精神」が裏付けになり、税金として国にお金を支払うことになるのです。

もちろん、高い税金を払いたくないという人もいます。とあるフィンランド出身のF1レーサーは、「高収入だけど税金が高い」ということで、別の国へと国籍を移したそうです。しかし、ほとんどの国民はこの仕組みに納得しています。なぜなら、こうして支払われた税金が、きちんと国民のために生かされ、それをしっかりと実感できているからです。

たとえば、「医療費ゼロ」です。さらに、「保育園から大学院まで費用ゼロ」です。高齢者の介護福祉施設（老人ホーム）も費用ゼロです。障害をもった人たちのための福祉施設についても費用ゼロです。人が暮らしていくうえで最低限必要なこと（プラスα）の費用がかからない仕組みなのです。

そのため、余計に貯金する必要もありません。定年退職したらどうしよう、失業したらどうしよう…という不安感を持つ必要もないのです。失業しても職業斡旋や職業訓練も費用ゼロ、さらに生活費まで支給されるそうです。大学を卒業しても、じっくりとフリーターをしたり大学院に行ったり…。多くの若者は三〇代になる頃に、自分にあった仕事を見つけ出して就職するとのことです。

このような国の制度が、国民に「ゆとり」をつくり出し、教育、ひいては社会の充実につながっていくのではないでしょうか。

第2部
フィンランド
の学童保育

II

ゆとりの中で育つ
フィンランドの子ども

指導員の専門性にふれながら

（左）バイクで遊ぶ子どもたち。（右）砂場で遊ぶ子どもたち。

この章では、指導員の具体的な専門性にふれながら、いろいろな角度からフィンランドの学童保育や子どもたちのこと、指導員の役割などについてご紹介します。

なお、本文中に出てくる「学童保育所」は前章で説明したように本来であれば、すべて「プレーパーク」と表示すべきですが、イメージのしやすさと、学童保育時間における施設名、という意味合いで利用しています。

❁教育の「機会の平等」

フィンランドでは、「機会の平等」が保障されています。教育の機会の平等は、日本では考えられないほど徹底しています。教育は無料。給食費、学級費などすべてです。私学はありません。

就学年齢（七歳）までは、幼保一体となったような保育サービスで過ごす子どもたち、家で過ごす子どもたちがいます。六歳の一年間は、その子どもたち両者ともにスタートアップの期間として、しっかり遊んで、その後座って話を聞ける訓練をするとのことです。スタート時に大きなギャップをつくらず、個々の家庭の事情に振り回されず、どの子にも教育の機会が平等に与えられ、力強いスタートを切ることができます。これこそ教育の機会の平等です。そして、クラスは一二〜一三人。一三人を超えると二つのクラスになるそうです。

人の教育やケアにしっかり人を配置してある印象です。少ない人口で、国としてやっていくためには、どの子もどの人もちゃんと育てなければいけない、ということなのでしょう。結果として非常に「合理的」なのかもしれません。

❁ゆったりとした施設と時間の中での指導員

子どもたちは、基本的に毎日を自由に過ごすことができます。各小学校から徒歩や自転車でやって来た子どもたちは、言うまでもなく私服なのでそのままの服装で遊びます。友だちを誘って外へ飛び出す子もいれば、ひとりで読書や宿題をする子もいます。しばらくは周囲を眺めながらじっとしていたかと思えば、あそこだと決めて遊びに飛び込んでいく子もいます。

前章のとおり、そこで子どもたちが過ごすために必要なものはとても充実しています。外にはいろいろな種類の遊具があり、日本では珍しい「バイク」などもありました。室内には、本もあれば、ボードゲーム、ピアノ、さらにはビリヤード台まで揃っています。部屋の数も多いため、静かなところへ行って静かな活動をすることもできますし、少し賑やかにおしゃべりをしたり、ゲームなどで盛り上がったりと、自分のやりたいことをやりたいところでできるゆとりが、フィンランドの学童保育所には用意されているのです。

午後三時頃、おやつの時間になりました。指導員がその日のおやつのパンを切っています。パンに塗るためのバターやジャム、ハムなども用意しています。そのそばにはジュースやミルクも。一定の準備ができれば、「おやつよ〜」と、子どもたちのいるところへそれぞれ声をかけに行くので

テーブルで輪になっておやつを食べる子どもたち。

すが、子どもによってはすぐにやっていることをやめておやつを食べにいく子、まだしばらく自分のやっていることを続けて、ぼちぼち片づけておやつを食べにいく子、とさまざまです。みんなが一斉に「いただきます」をするわけではないため、そのような状況でも何の問題もありません。それでも、なんとなくみんなが集まってきて、一人ひとりがパンを片手にバターやジャムを塗ったり、ハムをのせたり…。そして、テーブルに座っていきます。気がつくと、テーブルにはおやつを食べている子どもたちの輪ができあがっていました。

指導員はその間に、だれがおやつを食べたか、並んでいる子を見ながらリストにチェックしています。チェックしながら、子どもが話しかけてくれば、その手を止めてその子の話に耳を傾けて応答しているのです。また一方では、遊びをやめて片づけている子と一緒に片づけをしたり、片づけがまだの子には呼びかけたりしている指導員もいます。何も特別なことではないのですが、そこにはやはり慌ただしさはなく、ゆったりとした時間が流れているのです。

❁指導員は大きな声で怒鳴らない

このゆったりさは、施設のゆとりが大きく影響していることは言うまでもありません。子どもたちも指導員も騒がしくないし、それぞれがいろいろな場所へ分散しているために、騒がしさは感じられないのです。

しかし、そればかりでもありません。これは乳幼児保育や小・中学校でも同じことが言えるのですが、指導員（保育士、教師）が基本的に大きな声を張り上げて子どもたちを注意したり、叱りとばしたりすることがないのです。さらに言えば、一人ひとりの親もまたそうなのです。フィンランドの国そのものが持っているゆったりとした雰囲気がそうさせるのかもしれませんが、このことがフィンランド人の国民性といっても過言ではないでしょう。

「怒鳴らなくても子どもたちは言うことを聞くの？」と思われる方もいらっしゃるかもしれませんが、その答えは、言うことを聞いていました。その理由としては、幼い頃からそのように育てられてきたことが大きいと思われます。

大人は、子どもに対して決して威圧的な態度をとることなく、一人の人間として尊重し、幼い頃から「対話」を通して丁寧にかかわってきています。間違ったことをしてしまえば、もちろん大人から注意を受けます。しかし、大人はその際に必ず理由を尋ねるのです。大人からすれば、間違いをいさめ、その間違いを繰り返さないようにすることと同じくらい、子どもたちがきちんと自分がやってしまったことを自覚し、その理由を述べられることが重要だと考えられているのです。したがって、大人が威圧的な態度をとってしまえば、子どもは萎縮してしまい、正当な理由を述べることができなくなります。それでは、大人にとっても、子どもときちんとかかわれたことにならないのです。

ただし、これはフィンランドという本当の意味でゆとりのある国だからこそできる、ということも付け加えておきます。Ⅰでも紹介したとおり、大人たちは子どもとじっくりとかかわれる時間を確保されているのです。先ほどのように、子どもたちと「対話」を通して、自分がやってしまった間違いの理由を説明し、そのうえで次に繰り返さないためにはどうすればよいかを大人たちと確かめ合っていくには、とてもたくさんの時間が必要になります。午後四時や五時には仕事を終えて、そのあとは家族との時間をのんびり過ごす…そんな親たちが赤ちゃんの頃から子どもとそのようにかかわってきたという土台にこそ、指導員や保育士、教師たちが、このようなかかわりができる理由があるのです。

それでも、日本という国の限られた時間の中であっても、このような子どもとのかかわりができることはとても大切だと思います。たくさんの大人たちが、いまの状況の中でどうやったらできるのか。ぜひ考えていきたいものです。

❁乳幼児期の頃からの子どもの育ち

ここで少し乳幼児の頃からの子どもたちの育ちに触れてみます。というのも、これから述べる指導員のかかわりについても、その対象となる子どもたちが、それまでどのように育ってきたかを視野に入れることはとても重要だと思われるからです。

つまり、日本でそのまま同じことをしたとしても、対象となる子どもたちが違えば、決して同じようにはいかないことは言うまでもないことで、この本は、「こうすればフィンランドのようにできますよ」という方法を伝えたいのではないからです。

先ほども述べましたが、フィンランドには国そのものが持っているゆとりがあります。その社会的なゆとりによって、大人はじっくりと子どもとかかわることができているのです。子どもたちは、赤ちゃんの頃からこのゆとりある社会の恩恵を受けています。たとえば、「おぎゃぁ～」と泣いたとき、親はすぐにそこへやって来てくれます。親は、「泣くのをやめなさい！」などとは間違っても言いません。「どうしたの？　ああ、おっぱいが欲しいの？」などと問いかけながら、ゆったりとその子とかかわっているのです。つまり、すでに子どもとの「対話」は始まっていることになります。

周知のとおり、赤ちゃんが泣くという行為は、赤ちゃんの要求が発せられていることです。その要求が、大人によってしっかりと受け入れられることで、赤ちゃんは親に、そしてまわりの大人に信頼を寄せていきます。そして、そのベースともいえる他者への信頼感により、子どもたちは次第に自分の要求だけではなく、他者の要求も受け入れられるようになっていくのです。この育ちの中で、子どもたちは大人の注意もきちんと聞き入れられるようになります。このこともまた、大人が怒鳴り声をあげなくてもよい条件のひとつになってくるわけです。

さて、たくさんの子どもたちは乳幼児期を保育所で過ごします。フィンランド語では「パイパコティ」と呼ばれている保育所は、もちろん国営で、日本語では「一日の家」と訳すことができます。一見、自由にのんびりと過ごしていると思われがちな保育所ですが、一日のプログラムをきちんと設定している保育所が多いという特徴があります。いわゆる「朝の会」では、その日の予定を確認し合うなど、その日その日のプログラムがきちんと組まれています。たとえば、お気に入りのおもちゃを持って来て、「わたしのおもちゃ紹介」を一人ひとりがしてみたり、体を動かしたあそびをみんなでしてみたりという具合に、みんなで一緒に何かの活動をする時間が、必ず毎日確保されています。「朝の会」だけでなく、その後のスケジュールにも、みんなで一緒にやるプログラムは「自由に遊ぶ時間」と交互に組まれているのです。

しかし、特徴的なのは、いわゆる日本の学校的な授業方式では決してないことです。一つひとつのプログラムの中には、国語的な要素、算数的、理科的、社会的、図工的、体育的…などの要素がミックスされて作られています。さらにそれだけではなく、そのプログラムには必ずといっていいほど「ファンタジー」の要素が盛り込まれているのです。

たとえば、「みんな、今日はうさぎさんになってみよう！」と保育士が子どもたちに提案します。そして、あらかじめ用意してあったうさぎのかぶり物を子どもたちに配り、それを身につけた子どもたちは、すっかりうさぎ気分になっています。今度はそのまま、保育所のすぐ側にある森にみんなでお出かけです。先頭の保育士がピョンピョンと跳びはねれば、子どもたちもピョンピョンと跳びはね、ケンケンすれば、子どもたちもケンケンをしています。そんな動きをいろいろとしながら、森の広場へ到着。今度は、森の中でうさぎが食べられそうな草を探してみたり、大きな石の上に登ってみたり、木に抱きついてみたり…。さらに保育士が「みんな集まって」と小声で声をかけます。集まった子どもたちにスティック状の生のニンジンを配り始めました。うさぎになっている子どもたちは、そのニンジンをポリポリと食べ、さあ元気になったと再び列を作り、跳びはねながら帰って行きました。

フィンランドと日本の保育士配置人数

	フィンランド		日本	
	子ども（人）	保育士（人）	子ども（人）	保育士（人）
０歳	4	1	3	1
１～２歳	4	1	6	1
３歳	4	1	20	1
４歳以上	7	1	30	1

※フィンランドの国の法律による保育者配置基準および日本の児童福祉法による最低基準に基づいている。

このように、保育所のプログラムには、「うさぎになってみよう」とか、「魔女のくつがあったよ」などの想像的な世界に子どもたちを誘い込んで、そこから様々な要素を織り込んだプログラムを行っているのです。そのため、子どもたちは学習というよりも遊んでいる気分がいっぱいで、そのプログラムにすっかりとはまりこんでいっていました。

そして、もう一つ大きな特徴があります。子どもたちのグループとそれに応じた保育士（教師）の数の関係です。たとえば、日本の保育基準では、五歳の子ども三〇人に対して一人の保育士を配置することになっています。一方のフィンランドでは、同じく五歳の子ども七人に対して一人の保育士を配置することになっているのです。つまり、二一人の子どもたちで何かの活動をする場合には、三人の保育士が配置できる計算になります。（これは、小・中学校でも同じことが言えるのですが、そのことについては後で説明します。）

フィンランドでは、この基準により自由に子どもたちのグループを編成しています。七人で活動する場合もあれば、一四人や二一人で活動する場合もあります。そのときには、人数に応じて複数の保育士が配置できるため、保育士にとっても、何より子どもにとってもゆとりのある保育を行うことができるのです。ちなみに、日本の基準をフィンランドのとある保育所の施設長に話したと

2000年以降のフィンランドと日本の学力比較

	2000年		2003年		2006年	
	日本	フィンランド	日本	フィンランド	日本	フィンランド
読解	8位	1位	14位	1位	15位	2位
数学	1位	4位	6位	2位	10位	2位
科学	2位	3位	2位	1位	6位	1位

※表は、OECD（経済協力開発機構）が3年ごとに15歳を対象に行っている学習到達度調査による。

ころ、彼女は目を大きく開いて、さらに咳き込みながら驚いていました。少し冷静になったあとで、彼女は「そんな人数で、どうやって一人ひとりの子どもの声を聞き入れられるの？」と疑問の声を上げていたのが印象的でした。

フィンランドでは、子どもを一人の人間として尊重するからこそ、子どもは大人によって守られなければならない存在であり、一人ひとりの思いを受容されなければならない存在として位置づけられているのです。

❁学童期の子どもたち

上の表のように、ＰＩＳＡ型学力テストで優秀な成績を出す子どもたちですから、きっと相当の勉強量をこなしているのだろう、と日本的にはつい考えてしまいますが、フィンランドの子どもたちは、日本の子どもたちの勉強量を知って逆に目を丸くします。皮肉な言い方をすれば、「どうしてそんなに勉強をしているのに…」ということになってしまうでしょう。この点については、これまでもフィンランドの教育を専門的に研究している著書が多く出ていますので、詳しくは述べないことにしますが、二つのことについてだけご紹介します。

まず一つは、保育所と同じように、一クラスあたりの生徒の数が少ないということです。おおむね二〇人に対して教師は二人配置しており、その中で「落ちこぼれを出さない教育」を実現しています。

もう一つは、いわゆる放課後の時間の長さです。小学一・二年生については、午前中が学校で、そこからは放課後になることが多々あります。つまり、学童保育所でランチを食べることになるのです。そして、三年生以上も午後一〜二時には学校を終え、そこから三〜四時間を毎日学童保育所で過ごすことになります。午後三〜四時に学校を終える日本の小学生とは格段の違いがあります。宿題の量についても非常に少なく、宿題のない日も多いのです。

学童保育所に通っている子も通っていない子も、とにかく自由な放課後の時間がたっぷりあり、そこで自分のやりたいことを思いっきりやっています。友だちと外で遊ぶ子、工作を楽しむ子、ピアノを教えてくれる人のところへいく子などなど…子ども一人ひとりの興味によってちがいますが、フィンランドの子どもたちは、基本的に誰かに強要されて特別なことをやらされていないのです。ちなみに、フィンランドに塾は存在しません。

手作り工作をしている場面。彼女は、一番の楽しみは工作だという。

❁子どもの自己決定を尊重する指導員

そんな自由な時間を過ごす場として、フィンランドの学童保育があります。そこは日本の学童保育と大いに共通するところでしょう。そして、まずフィンランドの学童保育の大きな特色ともいえるのが、子どもの「自己決定権」を尊重することこそが、子どもの自由を保障することととらえているところかもしれません。「○○をしたい」「△△をやりたくない」などの子どもからの意見に対して、指導員はまず耳を傾けます。言うまでもなくそれがその子の自己決定であるため、その決定を無理矢理にくつがえしたり、押さえ込んだりすることはないのです。

たとえば、クラブで粘土の作品づくりに取り組んだとします。指導員は、子どもたちに「粘土で何か作りたい人はいる？」と声をかけます。そこで、やりたい子、やらない子、迷っている子に分かれます。やらない子は、そこで自分のやりたいことをまたやればよいのです。しかも指導員からは、「よくやらないと自分で決めることができたね」とほめられます。迷っている子は、何につい

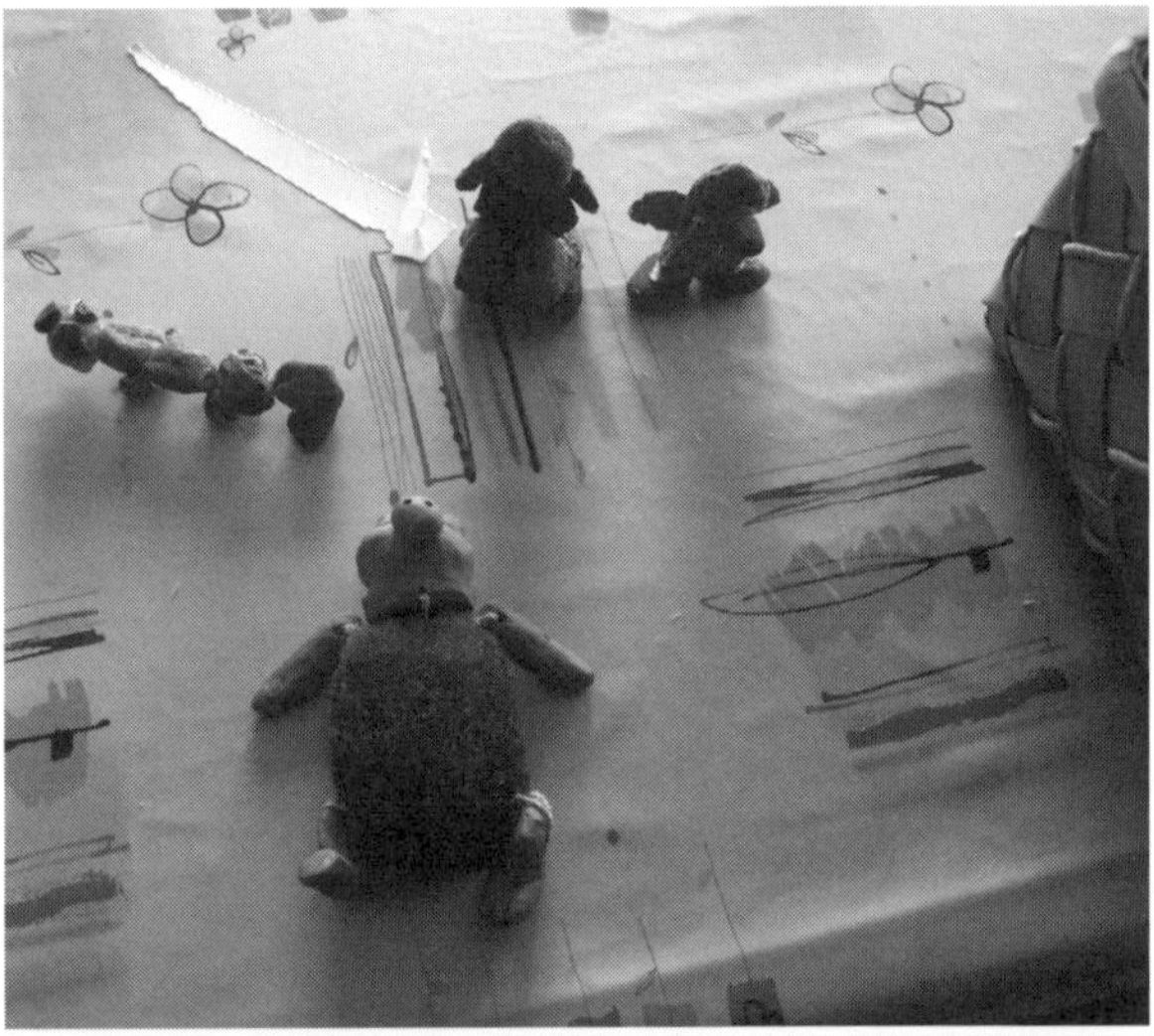

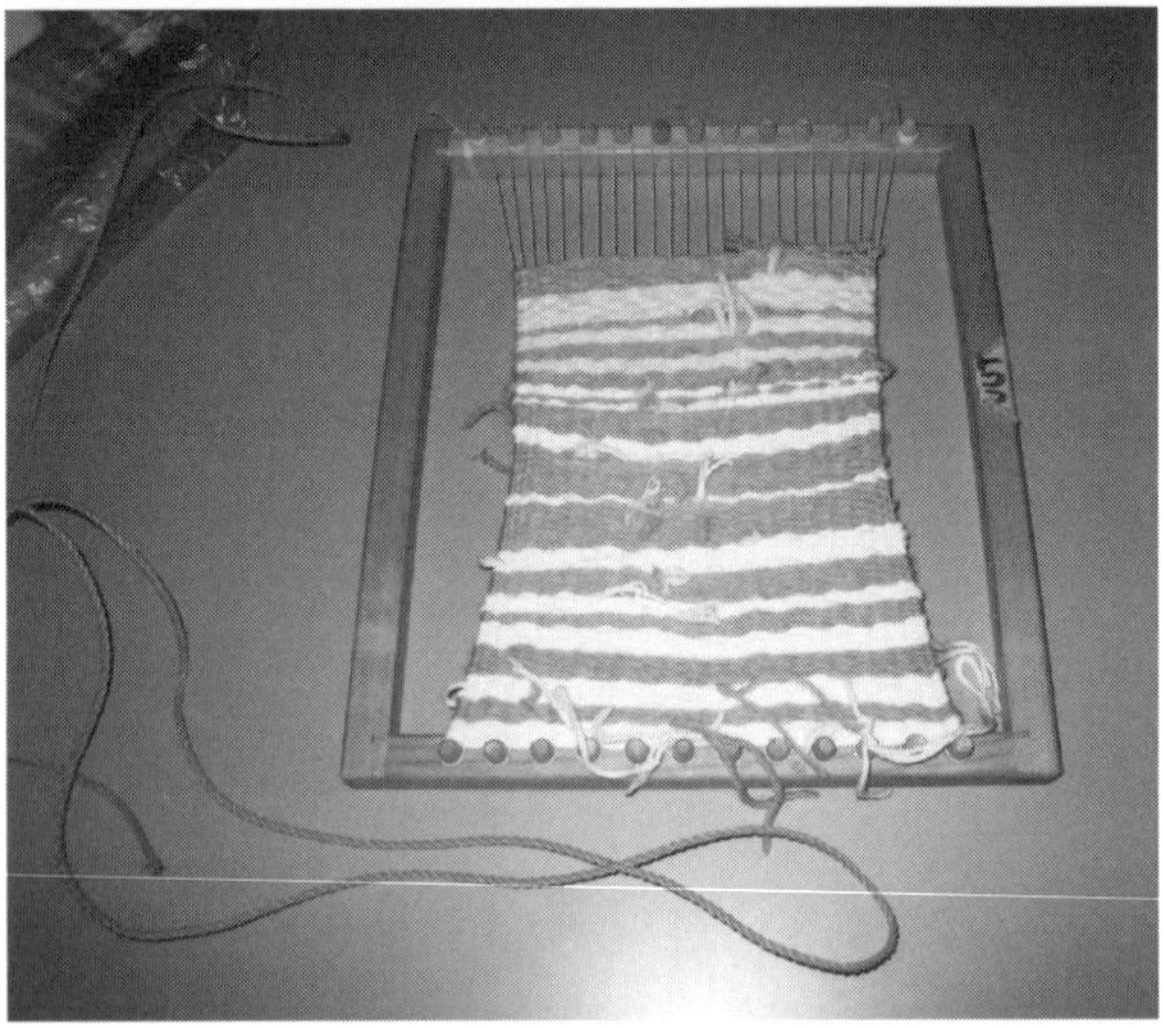

（上）土を焼いて、陶器製の手作り人形を作ることができる。
（下）手作りの織物を作っている子どももいる。

て迷っているのかを丁寧に聞いてもらいます。そして、その迷いが指導員の援助でクリアできるものなら、指導員が援助をします。

さて、あとはやりたい子ですが、その子たちの中には、前回も「やる！」と言ったものの、途中で投げ出してしまった子がいます。ここで指導員が注目するのはその子なのです。まずその子と、いつもこうした取り組みを途中で投げ出してしまうことを確認します。そのうえで、今回はどうすれば取り組みを最後までできるのか、その実現のための計画を一緒に立てていくのです。そして、取り組みの中でも援助し、その子の自己決定を実現できるように働きかけていくことに意識を傾けるのです。

つまり、指導員にとって「自己決定権」を尊重するとは、子どもが何かを決定し、意思表示したところを認めるだけではなく、その決定が実現できるように援助していくところまでを視野に入れることが求められるのです。ヨーロッパの国々では、とりわけ「自己決定権」が重んじられている風土があります。あわせて、自己主張することも求められるという風土でもあります。指導員は、子どもたち一人ひとりが自己決定でき、それを意思表示できることとともに、自己実現できることも大切にしていると言えます。

❁ 安全を見守る指導員

子どもたちの安全に関して、日本とフィンランドでは決定的に違っている点があります。それは、現時点のフィンランドでは、「誘拐事件」などの子どもを取り巻く事件が起きていないことです。

木登りをしている子に「それより高く登らないで」と声をかける指導員。

しかし、日本は言うまでもなく大変な事態です。小学校で、帰り道で、空き地で、自宅の前や自宅の中でなど日本の子どもたちは、いまやどこにいても危険な状況に置かれています。フィンランドという国には、社会そのものがいつも社会的な弱者を守ろうとしている豊かさがあります。国全体で社会的な弱者を守る文化が根付いているのです。

そのため、学童保育所で、指導員は不審者の心配をする必要がありません。大変広い遊び場で、指導員は「安全に遊ぶことができているか」だけに集中できるのです。子どもが、やたらと高いところへ登ってしまったり、明らかに危険だと思われる行為をしていたりすると、指導員はそれをキャッチしたときにすぐに駆けつけてストップをかけます。その危険性のキャッチとストップのかけ方もまた徹底していました。

たとえば、外で遊んでいる子どもの人数が少ない場合には、指導員は遊びに一緒に加わることもあります。しかし、別のところで危険だと思われることが行われていたとき、指導員はたとえ遊びに加わっていても、その危険性をすぐさまキャッチし、その遊びから離れて、すぐにストップをかけに向かっていました。それまでは、何気なく遊んでいるような感じだったのですが、周囲の子どもの危険性からは決して目を離してはいなかったのです。

また、外で遊んでいる子どもの人数が多い場合、しかも外にいる指導員が一人しかいないという場合もありました（子どもの発達上のこともあり、保育所ほどは指導員の数は多くありません）。その際には、全体を見渡せる場所に立ち、目と首をふんだんに動かしながら、子どもたちの危険性をキャッチしようとしています。そして、いざキャッチをすると、これまたすぐさまストップをかけるべく声かけを行っているのです。指導員の立ち位置がわかりやすいため、子どもたちも何かあれば指導員がどこにいるのかを把握できており、指導員のところへ向かうようになっていました。先ほどと同様に、全体を見渡す指導員は、子どもに話しかけられ、何らかのやりとりをしているときでさえ、意識はしっかりと周囲に向けられていました。

そんな指導員たちの動き方に、はたから見ているだけでも安心感を覚えることができましたし、何気なさの中にも、指導員たちの専門性やプロ意識を感じとることができました。また、やはりここでの声かけもとてもおだやかで、危険なことをしている子どもには諭すように話しかけているのも特徴的でした。

❁自立をうながす指導員

フィンランドの福祉施設、たとえば乳幼児の保育所や学童保育所もそうですが、介護福祉施設や障がい児福祉施設など、どの施設にも共通することは、当事者の自立を目的としていることです。

朝、登校してくる子どもたち。

障がい児福祉施設では、大人になって自分の力で生活できることを目標としているため、施設の中に個人の生活空間を想定した部屋が用意されています。そこで一週間程度の期間をかけながら、実際に生活する練習をするのです。

また、介護福祉施設にしても自ら体を起こし、自ら歩けるように練習できるプログラムが用意されています。このように、福祉施設は当事者の自立をうながし、支援する施設として位置づけられており、そのための専門的なプログラムが用意されています。

それは、学童保育所にしても同様です。もちろん、障がい児や高齢者の人たちとはまたちがった内容の自立支援となるのですが、その中でも、もっとも特徴的な自立支援は、「コミュニケーション能力」です。コミュニケーション能力は、子どもたちが社会へ向かっていくとき、彼ら、彼女らの自立の大きな要素を担っているといえるでしょう。そこで指導員は、日常の中でまず何より、子どもたちが自分の思いや要求を言葉にして発することを重視してかかわっています。「いま△△な気持ちだ」「○○をしてほしい」といった子どもたちの思いや要求を、子どもたち自らの言葉で表現できるようにするのです。たとえば、友だちとケンカをしてしまった子どもがいるとします。

指導員「いま、あなたはどんな気持ちなの？」
子ども「ぼくは今、腹が立っているんだ！」
指導員「そうなんだ、腹が立っているのね。ところで、どうして腹が立っているの？」
子ども「だって、ぼくが遊んでいたのに、○○にそれをとられてしまったんだもん！」
指導員「そうか、それで腹が立っていたんだね。じゃあ、そのことを○○に話せる？」
子ども「うん、話すよ」
指導員「どんな話をするの？」
子ども「う〜ん、とらないでほしいって話すよ」
指導員「そうだね。どうしてとらないでほしかったか、そのためにあなたがどんな気持ちになったかも話せるといいんじゃないかな？」
子ども「うん、そうしてみる」

指導員は、こうしたやりとりをとてもゆったりと丁寧に行っています。その子の気持ちを言葉として引き出すことに加えて、さらに具体的にどのようにすればその子の気持ちが相手に伝わるのかをアドバイスもするのです。実際にとりわけ特別なやりとりではありません。しかし、いつもこうしたやりとりを子どもたちとしながら、コミュニケーションをきちんととることのできる子どもに育てたい、そして自立を促していきたい、という一貫した姿勢を持ち続けているのです。その一貫性が子どもたちにとってわかりやすく、自分がどうすればよいのかをはっきりとさせてくれているのです。

ちなみに、ヨーロッパは「自己主張」をとても重んじる国だと言われています。日本のように、「多くを語らずに心の内側を察する」という文化ではないのです。そのため、日本人向けの旅行パンフレットには、ヨーロッパに行ったときには「自己主張」をどんどんしなければならない、とその必要性がわざわざ書き込まれています。

たとえば、日本ではよくあることですが、ペットボトルのふたが堅くて開けにくかったとします。そのとき子どもが、「ふたがかたい」というだけでふたを開けてあげる大人は少なくないでしょう。ところが、ヨーロッパでは一般的にこのやりとりでは何も解決してもらえないのです。つまり、「ふたがかたいから、ふたをあけてほしい」とお願いしたときに、はじめてふたを開けてもらえるのです。子どもたちは、こうしたヨーロッパの文化のなかで生活しています。「待っていても誰かが察してくれるわけではない、自分の思いや要求は、自らはっきりと発信していかなければならない」という文化において、「自己主張」できるコミュニケーション能力は、ヨーロッパの社会で生活するためにとても重要な能力なのです。

しかし忘れてはならないことは、それ以前に、つまり乳幼児期に、まずしっかりと自分の思いや要求を大人たちに受けとめてもらえているという安心感のうえに、このコミュニケーション能力が育まれていくということです。まずは、幼い頃からの他者への安心感を生み出していくことが求められます。

コミュニケーション能力を中心にご紹介しましたが、学童保育指導員にとって、子どもたちの安全を見守るだけではなく、子どもたちの自立をうながすこともとても大切な仕事になっているのです。

❁やってはいけないことにストップをかける指導員

フィンランドというゆったりとした雰囲気に包まれた国で、学童保育所の子どもたちは、とてもゆったりとのびのびと過ごしています。指導員もまたゆとりを持って過ごしています。こうしたイメージでフィンランドの学童保育を見ていると、一見、子どもたちはやりたいようにやって、指導員はどちらかといえば子どもたちを放任しているようにもとらえられがちです。

ところが、そうではないのです。もちろん、先ほどのように子どもたちの活動そのものに関して、「いまは本を読みたい」とか「外であそびたい」などといった子どもたちの要求は、最大限に尊重されます。しかし、礼儀やマナー、みんなで守るべきルールや約束、誰かを傷つけるなどの道徳的なことなどについては、まったく違います。

驚いたことは、保育中に現地指導員と私たちが話をしているとき、子どもは私たちの話の区切りを見計らって、指導員に話しかけるのです。「人が話をしているときには、その話に割って入らない」という日本にもある一つのマナーですが、そのことを小学生の低学年の子どもがきちんと守っていました。この驚きを私から指導員に話すと、「あの子ははじめの頃はなかなかこのマナーを守れなかったけれど、そのときそのとき話をしていきました。いまではよくわかってくれて、ちゃんとマナーを守ってくれています」とその指導員は答えてくれたのです。

このことばかりではありません。ボードゲームで遊んでいた子がおやつを食べに行くときには、もちろん片づけをしてから行きます。室内で走り回ったり、暴れ回ったりということもしません。しかし、それらははじめから何もせずに生まれたことではなく、先ほどのように指導員が一つひとつストップをかけて、なぜいけないのかを説明してきた成果があるのです。

「いくら自由な放課後といえども、人と人とがかかわりながら生活していく以上、守らなければならないマナーやルールがあり、それを教えていくことが指導員、いや大人なのだ」と指導員は言っていました。しかも、丁寧な言葉でのやりとりにはじまり、それでもなかなかできないときには保護者と子どもと指導員とで話すこともよくあるとのことです。

子どものことは、保護者と指導員が連絡を密に取り合いながら、どちらかの責任といった分担をするのではなく、ちょっとしたことでも一緒になって考えていこうと心がけていることもフィンランドの特徴かもしれません。「それは親の責任だ！」「それは指導員や教師の責任だ！」などと、お互いが責任を押しつけ合うのではなく、子どもを守り、育てるのはすべての大人の責任であり役割なのだという考えが、フィンランドでは浸透しているのです。

また、学童保育所でのルールについては、指導員が一方的に押しつけるのではなく、合意・納得を作り出していました。「部屋の中では暴れない」などの約束を子どもたちが決めると、その約束

子どもたち自身が学童保育での約束を決めて書き、貼っている。下にはそれぞれのサインがある。

を書面に書き出していきます。そして、その約束を守ると意思表示した子どもたちは、一人ひとり書面にサインをしてドアに貼っているところもありました。

いずれにしても、やってはいけないこと、やってほしくないことについて指導員は決して放ったらかしにはしないのです。それどころか、とても徹底的に、そしてとても地道に、子どもたちと向き合っているのです。

❁ 子どもへの共感を大事にする指導員

「指導員の専門性として大切だと思うことは何ですか？」と指導員にインタビューをしたときのことです。「子どもへの共感だ」と多くの方が答えてくれました。先ほどのように、学童保育でも子どもが自分の思いや要求を自分自身の言葉で主張できることは重要視されています。しかし、とは言えまだ子どもです。当然のことながら、「声なき声」を思いとして抱いていることも少なくありません。そのとき、指導員はその「声なき声」にまずは共感し、言葉として引き出していけることを大切にしているとのことでした。そのためにも、子どもと目線を同

指導員間のミーティングの様子。「保護者や指導員仲間とコミュニケーションをとれることが一人前」と言う。

じにすること、子どもがいまどのような思いで何を見ているのか…そこを感じとれることが専門性としてとても大切です。そして、子どもへ共感しようとすることが、学童保育所に通う子どもたち一人ひとりに安心感や自己肯定感を育んでいく。まさに、日本の学童保育指導員の専門性として大切にしてきたことと一致しているのではないでしょうか。

しかしながら、フィンランドの学童保育指導員や保育士の養成機関のなかでも、子どもに共感できるようになるための養成カリキュラムは存在していないとのことでした。つまり、指導員たちには、実践しながらその資質を向上させていくことが求められています。そのため、指導員はとにかくじっくりと子どもの話に耳を傾け、そのなかで、その子が何を思い、感じているのかを読み取っていくことを心がけているとのことでした。これもまた日本で大事にしていることと一致しています。学童保育といういとなみが、子どもへの共感を柱として、そこから子どもと指導員とが関係を築いていくことは、国境を越えて大切にされているということが確かめられたと思いました。

❁コミュニケーション能力が必要な指導員

先ほどと同じように、指導員へのインタビューを通して明らかになったことです。これまた日本と同様に、フィンランドでも、学童保育指導員は「コミュニケーション労働者」であるということです。

特に、このインタビューに答えてくれた指導員は、子どもとのコミュニケーション能力はもちろんだが、大人とのコミュニケーション能力も大切だと言っていました。それは主に、保護者と指導員仲間とのコミュニケーションとのことです。フィンランドでも、保護者から悩みを相談されることがあります。また、保育に関する要望もあります。もっと基本的なところでは、毎日のお迎えのときに、その日の子どもの様子を伝えるということがあります。これらの保護者とのコミュニケーションの機会に、指導員が適切にできることが必要だというのです。言葉や態度としてのコミュニケーションはもちろん、そのコミュニケーションの中で、気持ちがきちんと通じ合えるかどうか、保護者からの要望を無下にするようなことがなく、そのことを自分たちの問題としてきちんと受けとめ、その問題にどのように誠実に取り組んでいくかを意思表示するといったことが求められます。また、指導員同士についても、チームワークがとても大事にされています。チームワークを確かにするためには、お互いのコミュニケーションが必要不可欠なのです。フィンランドの国民性は、「先輩―後輩」というタテ関係はあまりなく、対等な関係をとても大切にしていました。

インタビューに答えてくれた指導員は、三〇年近い経験年数でしたが、これまでいろいろな指導員も見てきた中で、子どもとコミュニケーションをとれるだけでは一人前とは言えない、と実感したそうです。子どもとコミュニケーションをとること以上に、大人同士のコミュニケーションは難しい、本当に一人前と言えるのは、保護者や指導員仲間といった大人とのコミュニケーションをとっていけるようになったときだ、と強調していました。

❁綿密な計画と臨機応変さの二本柱が必要な指導員

フィンランドの学童保育にも、「保育計画」や「活動計画」などがあります。午前中、まだ子どもたちが帰っていないときに、指導員たちはこれらの計画を立てたり、一人ひとりの子どもの情報を出し合ったり、前日をふり返ったりというミーティングも行っているのです。特にこの計画については、行政にも提出をします。その際に、計画上必要な備品など、あわせて要望も出すのです。また、それだけではありません。保護者たちに向けても、「このシーズンはこういうことをしていきたい（フィンランドは、春～夏と秋～冬の二シーズンに分かれています）」といった保育計画をオープンに知らせ、共有をしているのです。もちろん、何らかの行事や活動をする際にも、その一つひとつに計画が立てられているため、そちらもオープンにされています。このように、フィンランドの学童保育では、指導員が計画を立てるための時間もしっかりと確保されているのです。言い換えるならば、シーズンごとの保育はもとより、行事や活動には必ずといっていいほど事前に計画が立てられていることになります。

少し余談になりますが、学校や保育所、介護福祉施設や障がい児施設などにも共通して、フィンランドのこうした専門職では、「この人にしかできない」ということが極力避けられています。つまり、いわゆる「スーパーマン」が現場で求められていないのです。丁寧に計画を立て、丁寧に引き継ぎがされることで、「この人もできるし、あの人もできる」という内容づくりに重点が置かれています。なぜなら、特にシフト体制を組んでいく職業では、ある特定の人しかできなければ、その人に過度な負担がかかり、シフト体制を十分に組めなくなってしまうからです。と同時に、保育所などでもわかるように、対象とする集団の人数が少ないことで、特別に多人数を引きつける力も必要ないことが言えます。

そのためにも、計画や引き継ぎ（情報の共有）がとても大切にされ、それを行うミーティングの場もあわせて大切にされています。ただし、ミーティングの場などは、とりわけそのときに必要なことだけをしぼって議論するため、そこにかかる時間が短く、合理的に行われているのも特徴です。ミーティングの場で、話がずれてしまったり、雑談になってしまったりすることをフィンランドではとてもいやがります。そういう点でも、ミーティングを「仕事」としてきちんと位置づけていることがわかります。

しかし、一方では日本の学童保育事情と同じで、計画通りにいかないことも多々あるそうです。そのため、指導員としては計画をきちんと立てられると同時に、その計画とちがってしまった場合には、いわゆる臨機応変に、柔軟に対応できるというしなやかさも求められるとのことでした。

❁ チームワークを大切にする指導員

さて、先ほども触れましたが、指導員のチームワークの取り方についてです。もちろん個人差はありますが、基本的にこの指導員でないとできない、という特別な体制をなるべく作らないようにしていることがフィンランドの学童保育の特徴でもあります。しかし、リーダーシップをとる指導員、いわゆる責任者的な位置づけは整えられています。資格についても、そのような立場をとる指導員にはそれなりの資格が求められるのです。

リーダーシップをとる指導員が中心になって、日々のミーティングをするのですが、そこでは「今日、だれが何を担当するか」の担当決めも行われます。いつも外に出る指導員が固定化されているわけではありません。おやつ担当の指導員にしても固定化はされていません。そこに従事する指導員は、基本的にどこでも担当できることが求められるのです。

ある学童保育所でおもしろい場面を目にしました。外で全体を見ている指導員のもとへ二人の子どもが泣きながらやって来ました。その指導員は、その子たちから話を少し聞いたかと思えば、二人を連れてすぐに室内へ向かいます。そして、室内の指導員に子どもたちから聞いた話の内容を伝え、再びすぐに戻ってきました。その指導員は、責任者的な立場の指導員でもあったため、てっきりその子たちのトラブルをそこで解決するのかと思っていた矢先のあっという間の出来事でした。

そのことについて質問すると、その指導員は、まず「室内のほうがじっくりと子どもの話が聞けるでしょう。特に、ケンカとかトラブルのときには、歩いているうちに冷静にもなれるし…」と答えます。そして次に、「私たちは、外で起きたトラブルを、外で全体を担当している指導員ができるだけ入り込まないようにしている。室内には、こういうときに話を聴く指導員が控えているから、すぐにその指導員へバトンタッチをする。そうすることで、それぞれの役割をきちんと果たせるんだ」と教えてくれました。

❁現場の職員の裁量が重視されるフィンランド

介護福祉施設に行ったときにおもしろいものを発見しました。その施設にはお年寄り一人ひとりに個室が用意されていて、そこで生活しているのですが、個室のドアにかかっているネームプレートが一つひとつ違っているのです。施設を案内してくれた職員にそのことを尋ねてみると、ネームプレートはその部屋を担当している介護福祉士がそれぞれに作ったものだと教えてくれました。つまり、担当している部屋についてそれぞれの介護福祉士が独自の「裁量権」を持っている表れだったのです。

ちょっとしたことではありますが、これはとても重要だと思いました。学校の教師にしても、乳幼児保育所の保育士にしても、学童保育の指導員にしても、同じことがいえます。たとえば日本の学校現場では、教師が独自に考えた教育計画に重きが置かれるのではなく、行政が打ち出した教育計画こそが重視されています。しかし、フィンランドでは、それぞれに実践している職員が、目の前の子どもやお年寄りと向き合いながら、その相手にふさわしい計画をまずは立てるようにしています。そして、その計画を実行するのに必要な物を行政へ申請していくのです。

学童保育所で見ると、国から提供されている設備や備品は、それぞれの学童保育所によって違います。それは、国そのものが各施設の「裁量権」を認めているからです。あそこの学童保育所に提供したからといって、必ずしも同じ物がほかの学童保育所でも必要だとは限らないため、同じように提供するのではなく、そこにいま必要な物を個別に提供しています。

また、施設ごとに「裁量権」があるように、その施設の中の一人ひとりの指導員にもまた「裁量権」が認められているのです。もちろん、先ほどのようにチームワークを大事にしているため、事前に確かめ合ったそれぞれの役割を遂行することはチームワークの原則になります。しかし、その役割の中で起きたことでは、それぞれの指導員が判断し、決定する「裁量権」が認められると同時に、求められるのです。この権利は、たとえば先輩指導員が後輩指導員の権利を認めてあげられることで実現するわけですが、もう一方で後輩指導員自身が自らの問題として受けとめ、考えて判断し、決定しようとする意志も持たなければならないのです。

❁子どもたちの場としての学童保育所

学童保育所が子どもたちの過ごす居場所になっているか…フィンランドでは、その基本ともなる生活空間、つまり施設のあり方も特徴的でした。さらにいえば、学童保育所だけではなく、乳幼児保育所や学校にも共通する特徴があったのです。

学校を例にすると、教室に生徒の好きな歌手のポスターが掲示されています。なかなか日本の学校では見られない光景だったため生徒に尋ねてみると、「ここは私たちが過ごす教室だから、私たちが作るの」と答えてくれました。つまり、教師や保育士、指導員が一方的に掲示物を壁に貼るのではなく、子どもたちが自分たちで必要だと思うものを積極的に掲示しているのです。

先ほどの「約束ごとの文書」もその一つでした。また、子どもが作った作品なども掲示してあります（これは指導員が掲示している場合もありましたが）。保育所でも、大人が作ったものはほとんど掲示されていませんでした。あったとすれば、大人が土台となる「大きな木」の型紙だけを作っていました。そこに、子どもたちが好きな葉っぱや花を作って貼り付けているのです。大人の側も、ここは子どもたちの過ごす場であることを前提に考えているので、一方的な掲示はしないということがわかりました。

子どもたちがステンドグラス風に飾り付けた窓。

子どもたちが過ごす場であるから、子どもたちの、子どもたちによる、子どもたちのための場として確立されており、そこに指導員や保育士、教師も参加しているという感じです。

❁ 大切にされる子どもたち

フィンランドの社会は、本当に子どもが大切にされています。そして、大人たちもゆったりとした生活を過ごすことで、子どもを大切にできるのでしょう。とりわけ、

子どもたちが集まって（左）、サッカーを始めました（右）。

福祉制度の充実が注目されがちですが、やはりこのゆとりこそがフィンランドの文化の根底にあると思われます。

子どもたちは、乳幼児の頃からしっかりと自己肯定感を育まれていきます。そして、次第に他者とコミュニケーションをとっていくこと、自分自身の思いや要求を主張していくことが求められていきます。大人への信頼感も深まり、一方では社会の一員としてのマナーやルールも身に付けていきます。また、豊かな表現力や想像力を育む教育も受けているのです。

そんな子どもたちは、基本的には学童保育でもやりたいことをやります。手作り工作にどっぷりとはまり込む子たちもいれば、ごっこ遊びに没頭する子たち、本読みに熱中する子もいるのです。ちょうど外では、小学一・二・三年生の子どもたちが集まっています。およそ二〇人の子どもたちです。しかし、そこに指導員はいません。子どもたちは、自分たちで仲間を集めて、サッカーをしようとしていました。そして、チーム分けも自分たちでして、キックオフです。途中で頭と頭をぶつけた子どもが、自分の足で指導員のもとへ向かっていき、頭をぶつけたことを告げています。どちらのボールかでもめていても、自分たちで解決しています。いわゆる低学年といわれる三年生までの学年の子どもたちが、見事に自治的なあそびを繰り広げているのです。

そこの指導員に「あの子たちは自分たちで、あれだけの人数が集まりサッカーをしているが、どういうことだろうか？」と尋ねてみました。指導員は何の気もなしに「このあいだ、ボランティアで来てくれた人がサッカーを教えてくれて、子どもたちはそれが楽しかったみたいだ」と答えてくれました。

きっかけはそれだけで、それからかれこれ二週間ほど自分たちで仲間を集めてやっているのだそうです。もちろん、必ずしも、いつも大きな集団で遊んでいるわけではありません。一人でいることだってあるし、二～三人のグループのときもあります。しかし、自分たちがやりたいあそびにもっと人数が必要な場合には、仲間を集めてそのあそびを実現させているのです。それこそ、指導員の手を借りることなく…です。

指導員の子どもたちへのかかわりが特別なのではなさそうです。小さい頃からの育ちや、ひいては社会そのもののあり方が大きく影響しているのではないでしょうか。そのうえで、子どもの自己決定を尊重し、伝えるべきこと、教えるべきことはしっかりと行っていくという地道な指導員の実践がある…そんな印象を受けました。

❁ いまの子どもたちを見て指導員が悩むこと

こうした子どもたちではありますが、最近になって指導員を悩ませていることもあります。それはテレビゲームや携帯ゲームの普及です。やはり、これらのゲームの存在により、いままでと違った生活が子どもたちの中で作られ始めている、と嘆いていました。

具体的な問題点としては、まず、コミュニケーションが減ってきたこと、次に、体を動かすことが減ってきたこと、そして、創造的な活動の機会が減ってきたことが挙げられます。ゲームの持つ魅力に引き込まれすぎてしまったことで、子どもたちに、これまでになかった新しい問題が生じてきているのです。

いうまでもなく、日本の子どもたちの方がフィンランドよりもはるかに早くゲームの影響を受けています。電子ゲーム（当時はゲームウォッチと呼ばれていました）の頃から考えると、すでに約三〇年の年月が経とうとしています。そのことを考えると、先ほどのフィンランドのサッカーをやっていた小学一・二・三年生の子どもたちのことと重なってきます。フィンランドの指導員が挙げた三つの問題点を、そのまま三〇年近く日本の子どもたちが抱えていたとすれば、いまフィンランドの子どもたちの持っている力と日本の子どもたちが持っている力との間には、ずいぶんと大きな差があるように感じられてしかたありませんでした（もちろん、ゲームだけに問題があるとは言えませんが）。

ちなみに、私たちが訪れた学童保育所では、いずれもゲームを持ってくることに関して、はっきりと「禁止」していました。しかし、これからますますテレビゲームや携帯ゲームが普及してきたときのことを考えると、指導員たちもかなり悩み深いようです。

❁日本とフィンランドの学童保育の共通点・異なる点

ここまで読んでくださった方の中には、「それって日本の学童保育と同じじゃない？」と思われた方もいらっしゃったのではないでしょうか？　先ほどの「共感が大事」というところでも触れましたが、はっきり言って日本の学童保育で大事にしてきていることばかり…のような気がしてなりません。

つまり、指導員の専門性としてとらえたとき、日本にはない何か特別な専門性があるというわけではなさそうです。その点では、はるか向こうの福祉と教育の国フィンランドであっても、日本であっても、大事にしていることは変わりがない…そんな国際的な学童保育のあり方、指導員のあり方を確かめられたことは大きな喜びにつながりました。

しかし、やはり違いはあります。なんといっても国の人口が違う、気候が違う、社会の仕組みが違う、文化や宗教もちがう、これらの様々な国の状況の違いによって、同様の理想を掲げながらも、実際には大きな違いが生まれてきていると言えるでしょう。

それでは、私たちはどうすればよいのでしょうか？　まずは、その理想に誇りを持つべきだと思います。これまでの学童保育の歴史の中で築かれてきた、日本の学童保育のあり方は、国境を越えることができているのです。次に、その理想を日本の現状を踏まえて実現するための方法を考え、作り出していくことではないでしょうか。これだけの大きな違いがあるなかで、フィンランドのやっていることを丸ごとものまねすることなど到底できません。日本には日本のスタイルがあっていいはずなのです。とりわけ、子どもや親の状況で見ると、日本の方が明らかにフィンランドよりも危機的です。ということは、そこで求められる指導員の専門性は、単純な比較かもしれませんがフィンランドの指導員の専門性よりも一層高いものが求められるのかもしれません。

日本では、ゲーム漬けになってしまっている子や、塾や習い事ばかりで放課後の自由が認められていない子が増えています。不審者などの危険性も高いです。親による虐待問題なども後を絶ちません。こうした中で、子どもたちを保護するだけではなく、子どもたちとの生活・あそびを通して、子どもたちの自己肯定感を回復し、コミュニケーション能力などを育んでいくといった役割の担い手の一員として、学童保育指導員は存在しているのです。

明らかにフィンランドの指導員よりも日本の方が大変です。つまり、専門性としてはフィンランドよりも質的に高いものが求められるのではないでしょうか。是非、今後はフィンランドの指導員が日本まで学びに来る、といった方向になるといいと思います。

そして何より、いまの日本の社会そのものが変革されていくことを願わずにはいられません。社会的弱者といわれている人たちが、安心して日々の暮らしをおくるためには、結局のところいまの社会が変わる必要があります。私たち大人のためではなく、これからの未来を担っていく子どもたちのために社会の変革は必要なのではないでしょうか。

しかし、そのことについてはいまだ方向性が見当たらないのが現実です。この点については、また別の機会で述べることができればと思います。

コラム

熱心なエコの取組み

フィンランドは、森と湖で自然がいっぱいの国なのにもかかわらず、エコの取組みにも熱心です。見学させてもらった学童保育の一つは、そんなエコの感覚で作られた新しい町にある施設でした。

森林がいっぱい、パルプもいっぱいあるはずですが、トイレットペーパーはごわごわでした。特に公衆トイレのものは、一巻がとても大きいのです。以前に行ったポーランドも同じだった気がするので、ヨーロッパはとっても合理的だと思います。むしろ、流してしまうトイレットペーパーをソフトにして、香り、色、柄をつける日本の方が不思議な国なのかもしれない、と思いました。

もう一つ驚いたのは、自動販売機がないのです。日本では、のどが渇けば自動販売機でジュースを買って飲み、ペットボトルがごみとして出ます。ペットボトルのリサイクルより、まずごみを生み出さないことこそ、日本に必要なことかもしれません。日本での日々の生活を反省させられました。

公衆トイレは有料（一ユーロ）のところがあるので、自分の体の「飲む」「排泄する」をコントロールしなければならないのです。振り返れば、そんなことを意識することなく、日本では欲求のおもむくまま、飲んだりトイレに行ったりしているなあ、と考えさせられました。

自然の中でたたずむカモメ

コラム

バリアフリーは合理的に

ショッピングをしたときのことです。北欧と言えば、有名なのが家具や雑貨、それを見てまわることにしました。

ヘルシンキは首都とは言え、こじんまりしていて、有名雑貨店を徒歩やトラム（路面電車）でぐるっとまわることができます。歩道も車道も石畳で、慣れないとけっこう歩きにくいです。トラムの軌道敷もあるので、横断歩道もがたごとしています。

高福祉国家なので、バリアフリーが徹底されているのだと思っていましたが、石畳の道は車椅子には通りにくいだろうと想像します。しかし、古いつくりの階段に、鉄のレールがどんと渡してあって、それが車椅子の通る道です。初日に行ったヘルシンキ駅前のマクドナルドがこんな感じになっていました。古い建物は大事にしつつ、合理的にバリアフリーを実行しているようです。

車椅子以上に街を闊歩しているのは、ベビーカーです。ベビーカーごとトラムやバス、電車に乗れます。石畳の上を行くためか、よい物へのこだわりのためか、ベビーカーそのものがどれも立派なつくりです。二人用だったり、大きい子が一緒に乗れるステップがついていたりと工夫されています。

美術館でも、カフェでも、路上でも、ベビーカーが堂々と歩いていました。島に渡る船乗り場の案内にもベビーカーマークがあり、驚きました。子育て支援、子ども家庭への配慮の深さを実感する風景でした。

ベビーカーの標識が街のあちこちにある。

第２部
フィンランドの学童保育

III

学童保育を親の視点から考える

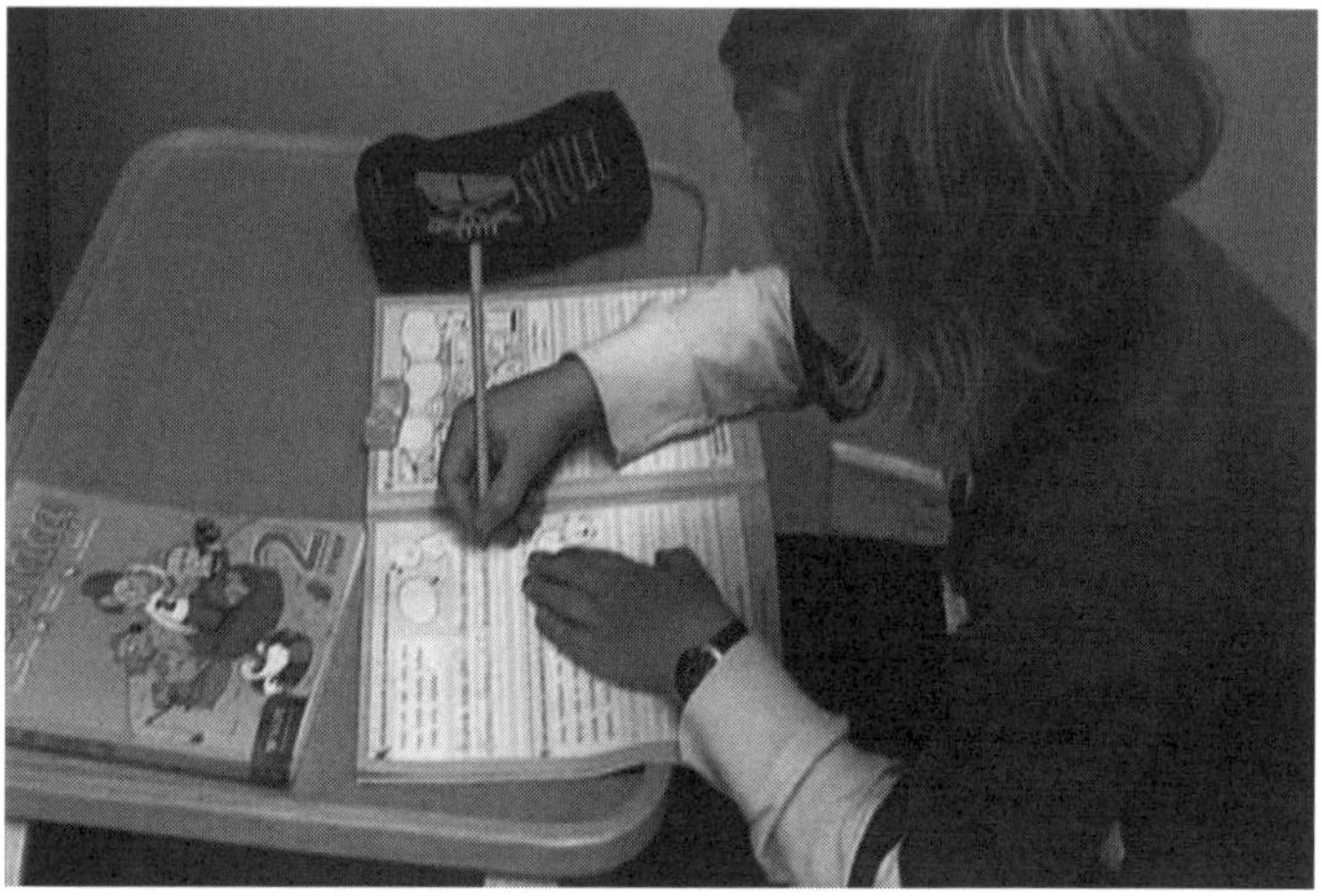

学童保育で宿題をする女の子。

フィンランドの学童保育は、とても充実した施設・設備とすぐれた指導員のもとで、子どもたちは安心して、楽しく毎日を過ごしていることがわかりました。そんな子どもたちの姿を見て、日本の親はどう思うのか…？　この章では親の視点から見た印象をご紹介します。前章までと重なる部分もありますが、ご容赦ください。

保育園と学童保育を見せてもらって、日本との違いにため息が出る反面、希望も見えました。日本の学童保育や教育を見ながら「なんだか変だ」「こうだったらいいのに」と思うことを実際に国の予算を投入して、実行しているのがフィンランドでした。ごく当たり前のことをきちんとやればいいんだ、できないことはない、実現に向け前進あるのみ、と確信した視察でした。

❁ 少人数の実施が鍵

今、日本の学童保育はさまざまな課題がありますが、やっと動き出したのは、大規模クラブの分割でした。もともと、国が学童保育に対して想定していたイメージは、補助金の区分からみても三〇人程度のクラブだったと思います。しかし、大規模加算で現状を乗り切るという状況が続いてきたため、保護者、指導員、行政関係者とも適正な人数というものの感覚が麻痺していたのだ、ということをフィンランドの保育園や学童保育を見せてもらって、痛感しました。

ある程度の広さの空間でゆったりと子どもを過ごさせて、複数の大人が見守るということを実施するだけでかなりの効果があがると確信しました。「一人の大人が対応できる子どもの数は限られている」保育園の責任者の方、学童保育の指導員の方がともに言われたことばです。

例えば、「日本では、一人の大人が三〇人に対応している」と話をすると、「一人ひとりの話（要求）が聞けないでしょう」と明快に言われました。本当にそのとおりです。そのできるはずもないことを、努力すればできるのではないかと思わされている日本の指導員さんたちは本当にたいへんです。そして、そのとばっちりを食らっているのは、子どもたちにほかならないのです。

クラブが騒がしい、子どもが落ち着かない、子ども間のトラブルが多い、指導員さんが多忙、どなっている、ストレスがたまる、保護者がゆっくりと指導員さんと話す機会がない。もっともこれらは学校や保育園などにも言えることですが、少人数にするだけで、かなりの問題は解消するに違いありません。思い切ってするかしないかです。少人数というのも三〇人ではなく、もっと少ないイメージです。保育園の年長さんクラスと思われるところでは、一〇人余りに三人の大人がついていました。小さいクラスだと、二～三人にひとりという感じでした。レベルが違いすぎますが、人数を減らすことが大きな効果を上げると思います。

一人ひとりの話が聞ける、様子がわかる、大きな声を出さなくていい。率直な印象として、保育園も学童保育も本当に静かでした。日本でよく見かけるヒステリックな子どもや大人がいないような気がしました。もちろん、外で遊んでいる時には笑い、自分の意志を通そうと泣き叫ぶ子どもも

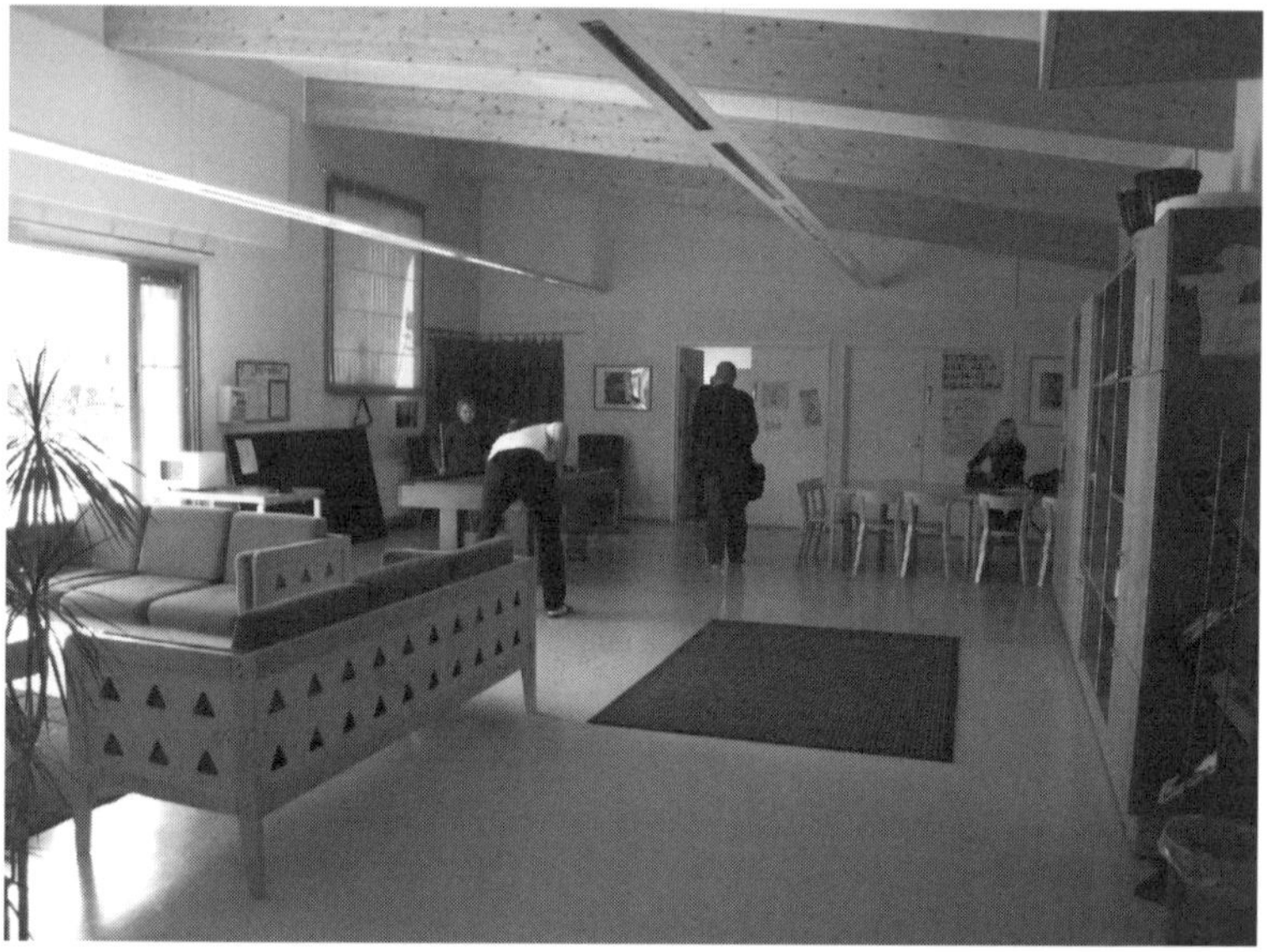

ゆっくりと過ごせる広いスペースが確保されている。

いました。

人をしっかり配置することは、お金と手間がかかることですが、これこそが子どもをきちんと育てることだと思いました。

❁ 教室は子どもが主役

保育園は日本でよく見るような、いかにも子どもが喜びそうなキャラクターなどの飾り付けはありません。カーズのポスターが貼ってあったのと、お昼寝の布団の柄がムーミンだったぐらいでしょうか。

視察のメンバーが「日本では、保育士が作った飾り付けが中心です。フィンランドではなぜそうしないのですか？」とたずねたところ、「教室は子どもたちの場所。子どもたちの作品や表現したものを掲示や展示します」と明快な答えをいただきました。

時に、ことばのわからない外国からの移住者の子どもたちも入園や入所するためか、文字と絵を併記して表示してあるものもよく見かけました。学童クラブでのルールを決め、子どもたちがそれぞれ「その約束を守ります」とサインした紙も掲示し

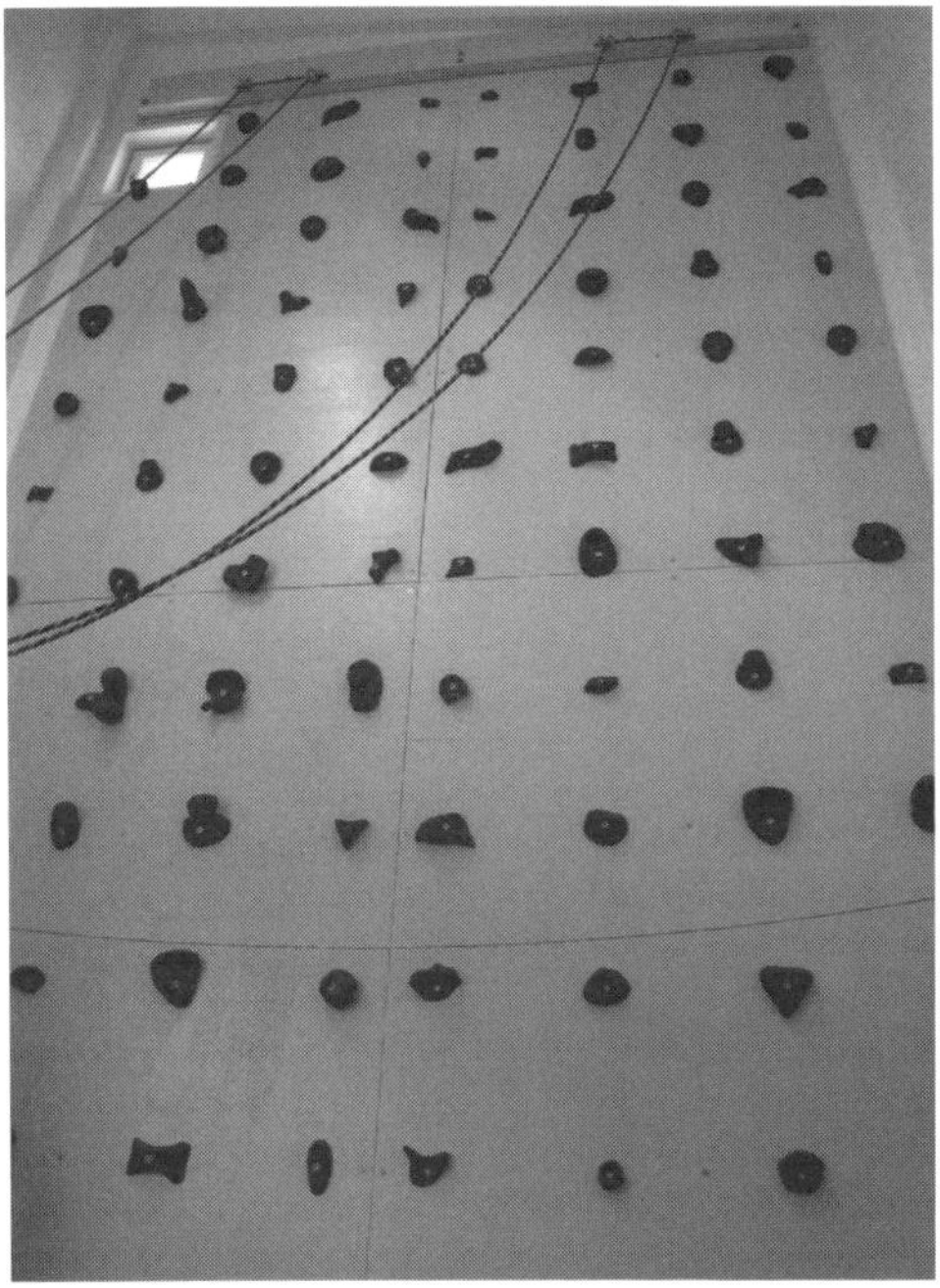

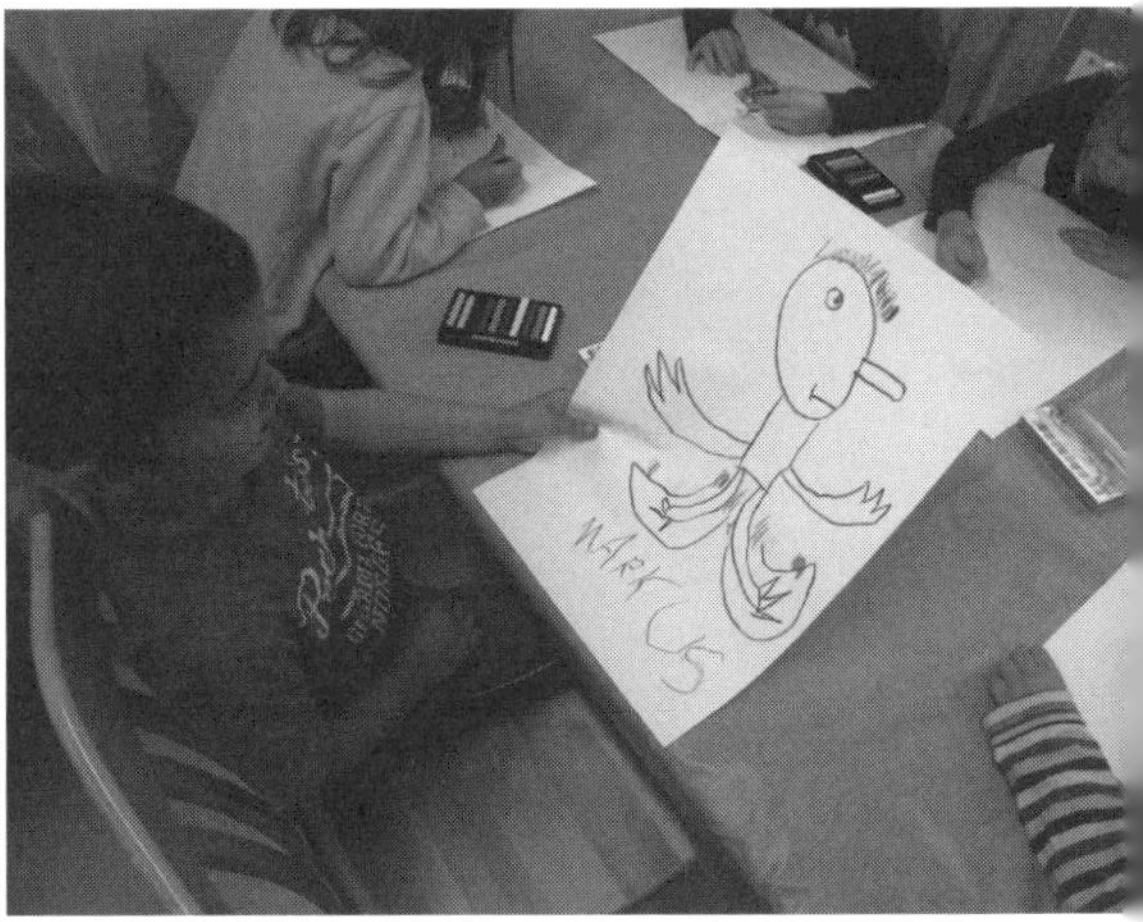

（左）保育所にあるウォールクライミングの部屋。
（右）小グループで行う、お絵かきの時間。

てありました。

❁本物を子どもに

目に見えて刺激的で、目を見張ったのは、家具やおもちゃです。さすが北欧だけあって、洒落た本物の家具がどこにでもおいてありました。日本なら必死で探して、善意でどこかのお下がりをもらうとか、せいぜいホームセンターで買うであろうものが、立派な木製のものなのです。日本の現状を考えると、ため息が出てしまいます。荷物置き（ロッカー）も一人ひとりに適切に整備されている様子でした。

保育園には、運動能力の向上を目指してウォールクライミングの壁がありました。ちゃんと命綱をつけて上る練習をするのだそうです。

子どものする作業も、本物でした。

保育園には、木工室があり、幼児でものこぎりで切ったり、釘を打ったりするのだそうです。もちろん、時間差でグループを組み、少人数のクラスをさらに分割して、

学童保育の工作室。木工作業など本格的な物作りができる。

小グループで作業をするとのこと。もっと小さい子どもは粘土遊びで、クッキー型で型抜きをして、乾かして、筆で色を塗っていました。指先を動かしての作業をしっかりすることは、とてもすばらしいことだと思います。

プレーパークには、工作室（技術室）のような専用室があり、電動の糸鋸や、焼きものを焼く窯がありました。この施設は、午後の時間帯は学童保育として使われていますが、午前中は小さい子どもたちとお母さんが使っていたり、夜は中高生の活動拠点となっていたりするのだそうです。

フェルトを紡いだような作品もあり、木工もそうですが、そのままフィンランドが誇る産業（職人技）に直結するような、子どもたちの本物の作業がとてもうらやましく思いました。私は、指先を器用に使えることや、自分でものを作る喜びを知ることは人生の宝だと思っています。

❁ 家庭をつくり、愛情を注ぐ練習？

保育園にも学童保育にも、ままごとセットがあり、赤ちゃんの人形が置いてあるのが日本と違っていて、興味深く見ました。これも本物志向で、子どもにぴったりのサイズの木製の立派なものでした。ままごとセットというよりは、むしろ家庭コーナーといった感じで、部屋の一部が家のようになっている感じです。赤ちゃんのベッドもありました。

小さなシルバニアファミリーでかわいい家族ごっこをするのではなく、子どもに合ったサイズの赤ちゃん、食器、調理器具…。そういえば、街で出会った親子連れ、ベビーカーの赤ちゃんのおなかの上に、赤ちゃんの人形を乗せていて、なんだかとてもほほえましかったです。愛情を注ぐ練習をするのかなあ、などと思いました。

乳幼児保育所の家庭コーナー。赤ちゃんと調理器具がある。

❁ おやつは至福の時

学校そのものが、時間差で少人数での授業をするため、一年生だからといって、いっせいに帰ってくるわけではありません。私たちが訪問した時、オレンジを切ったり、お菓子をお皿に盛ったりと、一人の指導員さんが台所でおやつを準備している姿は、日本の学童保育とまったく同じ雰囲気でした。

帰ってきた子どもから順にその指導員さんと話をしながら、おやつを食べていました。この方が、子どもの確認をしていました。おやつを食べながら、きっと今日のできごとをあれ

学童保育所の家族ごっこコーナー。広いスペースがとってある。

これ話しているんだろうなあ、という雰囲気でした。

❁頼もしい指導員

近隣の四学区から子どもたちがやってくる学童保育は、かなり、大規模です。しかし、大人数に思えないほど、広い公園の中にクラブハウスがあり、自由に遊んでいる様子でした。私たちにいろいろ説明をしてくださる中心的な指導員さんは、話をしながらも、公園のあちこちを見回しておられます。お迎えに来た親と子どもが一緒に、この方に「さよなら」の声をかけて帰っていくというルールのようです。ひと言ふた言、それぞれの親御さんと言葉を交わす指導員さん。さすが…の貫禄です。

❁親たちの働き方

午後三時過ぎからお迎えに来る保護者たち。お父さん、お母さんを問いません。本当に時間きっちりの労働なのだと、感心するばかりです。夕方五時には全員帰ってしまいました。五時からは、ここのクラブも中高生の活動拠点になるとのことで、スタッフが交替されていました。

❁指導員の働き方

保育士さん、指導員さんも時間内に仕事をきちんとするというスタンスのようでした。フィンランド社会そのものがそうなのでしょう。仕事はきっちり、自分の時間もきっちり持つ…こんな発想も必要かもしれません。日本人的な発想になりますが、自分の時間をきっちり持つことが人間としての幅や深さを増し、さらにそれが仕事に生かされてくるのではないかと思いました。

ちゃんとしたミーティング時間は週に一時間。「足りますか？」と聞くと「十分です」とのお返事です。もちろん、保育中の情報交換は絶えずやっているとのことですが、フィンランドの「年齢、経験、性別などにとらわれない対等な感覚」が率直で効率的なミーティングの力になっているのではないかと想像しました。

「指導員集団として必要なことは？」との問いに、「計画と柔軟性」と言われました。計画をみんなで共有しておくこと、ただし、変更があっても臨機応変に動ける柔軟性を持っておくこと。これが子どもたちの安定につながるとのことです。

大規模学童保育のパワフルな指導員さん。子どもが帰る時は、この方に声をかけて行くルールになっていた。

余談ですが、今回の視察は、計画性がばっちりな方と、柔軟性がばっちりな方とご一緒で、私はとても安心して旅することができました。まさに真実です。ひとりの資質としても、チームとしても本当に必要なことだと思います。

❁ 考える力をつける

フィンランドの保育や教育で力を入れていることは、自分の意見を述べる力をつけること。保育の様子を見せてもらうと、社会の一員として生きていくためのルールを身に付けたり、自分の頭で考えたり、想像の世界で遊んだり…。様々な形で、知的で、情操的な刺激を与えているように思われました。ちゃんとした人間に育てるために、ていねいに手間ひまかけているような印象でした。

やはり大事なのはこれに尽きるような気がします。一人ひとりの目を見て、話を聞き、話をすることが、確固とした自己肯定感を育て、考える力を育てていくのだと感じました。

まずできるのは、少人数化。学校が先か学童が先か…。どちらも実現させたいけれど、まずはできることからでしょう。私は田舎育ちなので一五人のクラスで育ちましたが、こんな大人になりました。いかがでしょうか、少人数。

コラム

男女共同参画の進んだフィンランド

フィンランドを含めた北欧は、男女平等がかなり実現した国です。

「性別にかかわりなく個人が家庭と仕事とを両立し、社会参画できる福祉社会。女性も男性も働き、自活することが出発点。子ども家庭への社会的な支援制度が確立している」とのことです。そして、「子ども家庭」とは、子どものいる家庭であって婚姻関係の有無には関わらず、「実質」を重視しているようです。おもしろいことに戸籍制度は古くから発達していて、役所で戸籍をさかのぼって家系を調べることが「趣味」にもなるような国なのだそうです。

私たちが乗った電車で、検札に来た車掌さんは女性でした。男女共同参画の進んだ北欧、フィンランドでの職業における男女比はどうなっているのだろう、と目につくお仕事を見てみると…。

運転手さんのお仕事は男性がほとんどです。トラム（路面電車）、バスの運転手さんに二、三人女性を見かけました。レストランなどの店員さんは女性が多いように見うけられました。専門店になると男性もいました。ホテルのフロントは女性、フィンエアのキャビンアテンダントはほぼ女性です。帰りに一人男性のキャビンアテンダントさんがいました。スーパーのレジ打ちは女性で、時に男性もいました。保育士さんは女性。保育園に男性もいたけれど、違う職種のような雰囲気でした。学童保育の指導員にも女性と男性がいました。美術館、郵便局には、男女ともおられました。警備員さんは男女のペア。警察官は男性でした。

日本と似た感じか、むしろ、日本の方がいろいろな職種に男女が入り交じっているような印象を持ちました。若年層の非正規雇用の増加で、日本の方が男女による差がなくなっているのかもしれません。

後日、学習会で得た情報によると、フィンランドには「非正規雇用」や、「派遣」、「日雇い」という働かせ方はないそうで、相応のお金をもらって「働く」か「働かない」かのどちらかだそうです。ですから、外国人労働力を入れて安く働かせる…などということもないとのこと。ただし、職種による賃金の格差はあるため、いわゆる「女性が多く選んでいる仕事」と「男性が多く選んでいる仕事」とでは賃金が異なり、結果として女性と男性の賃金格差が生まれるという現実があり、そのあたりが、最後の課題かもしれないとのことでした。

また、「男女とも働く」ことが一般化していて、日本のような女性の就業率のM字曲線（結婚、出産、子育て期の三〇代の就業率が下がること）はないのですが、「働かなければならない」わけではありません。家で子どもを育てるという価値観も尊重され、多元的な保育サービスが行われているとのことです。

さて、その多元的な保育サービスの中で、視察にうかがった「働く母、父のための」保育園と学童保育。保育園は、朝七時からやっているのがスタンダードで、希望する子には朝ごはんも出ます。ちなみに、ポーランドも七時から預けることができると聞きました。

そして勤務は一七時までです。一日七・五時間という労働時間は厳密に守られているようでした。保育園や学童保育が一七時までというのは、日本人にとってはなんだか信じられない設定です。しかし、確かに一五時、一六時に、お父さんやお母さん、あるいは夫婦で、子どもを迎えに来ていて、一七時には子どもたちはきれいさっぱり帰っていました。

街の工事現場のお兄さんも一六時半で仕事を終えて帰っていたので、労働時間の厳守がかなり徹底しているようです。たしかに、日本に比べてお店の閉まるのも早いですが、それでもカフェやレストランなど夜間が営業時間の仕事もあるので、その職業の人の子どもたちはどんな保育サービスを利用しているのだろうか、というのが今残る疑問です。

フィンランドの旅を終えて

フィンランドで買ってきたおしゃれなグラスを普段使いで楽しんでいたら、いよいよ残り一個となってしまい、思い切ってデパートで購入しました。洗練された家具、雑貨、食器、明るい夜、全然意味の想像できないフィンランド語など、有意義な視察旅行が思い出されます。

「どの子もちゃんと育てる」という社会の考え方、それを実現するための社会システム、福祉や教育の一貫性、とてもすばらしい国であったと改めて思います。

格差の広がり、子どもの貧困、学力の低下……視察から五年経った今、日本の子どもを取り巻く社会の課題はさらに大きくなっているように思います。フィンランドのことをそのまま真似しようとしても、歴史も社会的なベースも違いますから、うまくいくはずはありません。

五年前に自費出版した際のあとがきに「このろくでもないすばらしい世界（日本）」のＣＭのことを話題にしていました。このＣＭシリーズは、五年間脈々と続き、いつも心に温かいメッセージを届けてくれています。「人間って素敵だな」というメッセージを毎日の生活の中で子どもたちに伝えていけるのが学童保育です。

必要に迫られた親たちの思いで始まった学童保育。保護者、指導員はもちろんのこと、地域住民、学校関係者、行政関係者が関わり、子どもたちのために工夫し、努力し続けて半世紀が経ちました。

いよいよ大きなうねりになるようです。子どもたちが大人になった時、世界に誇れる「この素晴らしい日本の学童保育」を築いていきましょう。

最後になりましたが、フィンランド調査に関しましては、タイヴィス、ヴィーッキのプレーパークの皆さん、そして、現地ガイドのマイ・スオミ㈱のサミ・セッパネン氏、パーパスジャパンの三世さんには大変お世話になりました。この場を借りまして厚く御礼申し上げます。

最後にひとつフィンランド語を紹介します。前回は「じゃあね」にあたる「moi-moi（モイモイ）」でした。今回は、「ありがとう」「kiitos（キートス）」。

語り、考え、学び、成長する場に、キートス！

糸山　智栄　中山　芳一

《解説》

ケアと発達援助の専門職へ

――その旅路に寄り添って

庄井　良信（北海道教育大学）

1　〈公正と平等〉の社会政策

私が北欧のフィンランドをはじめて訪問したのは一九九六年のことでした。モスクワの国際会議を終えて、ヴァンター国際空港からヘルシンキ市内に入ると、不思議な驚きを感じました。そこは、たしかに欧州の「異国」なのですが、何とも言えない懐かしさと郷愁のようなものを感じたのです。ヘルシンキの町並みは、まさにヨーロッパの歴史の重みを感じさせるのですが、そこに威圧感はありませんでした。流れる空気にはやさしさがあり、行き交う人びとの姿勢は穏やかで凜としていました。ここは、安心して自分が自分であっていい場所だと、どこかで誰かに囁かれているようで、くすぐったい思いを感じながら、胸が静かに高鳴ったことを思いだします。

北欧のフィンランドは、人口約五三〇万人、デンマークは、約五六〇万人という比較的小さな規模の国です。両国は、経済のグローバリゼーション（世界規模での激しい市場競争）の荒波にもまれながらも、それに飲み込まれることなく、北欧型の新たな福祉国家像（注1）をめざしている点で共通しています。

もちろん、高額所得者への課税（所得に応じた累進課税）の徹底や消費税の税率は高いのですが、そのかわり、小・中学校（義務教育段階）から高等学校、大学・大学院に至るまで、無償で教育を受けることができますし、医療も福祉もいわゆる私費負担はごくわずか（ほぼ無料）です。ほとんどの親（保護者）たちは、保育・教育にかかるお金や、医療・福祉にかかるお金を心配しないで、子育てをすることができます。

その一方で、個人の可処分所得も相応にありますので、市民の生活水準には、豊かさを感じることもできる仕組みになっています。いわゆる「高福祉高負担型」の国ではありますが、個人が自分の生活のために、あるいは自分の人生を充実させるために使える個人所得が少ないという感覚を抱く人びとはそれほどいないのです。

そもそも、両国とも、プール付きの豪邸や高級自家用車を所有するような「贅沢」を志向する人は少ないのですが、それぞれの嗜好にあった余暇や自由時間を楽しみ、大切にする人びとはたくさんいます。また、若者の社会的孤立や失業者への就労支援も一つの社会問題となっているのですが、そこには公的資金が積極的に投入されています。つまり、両国ともに「困ったときはお互い様」という精神が広く認められ、困り事を抱えたときのセーフティ・ネットがしっかりしているのです。

二〇〇〇年代半ばの「相対的貧困率」の国際比較（平成二四年度『子ども・若者白書』内閣府所収）によれば、子どもの貧困率は、デンマークで2・7％、フィンランドで4・2％と世界でもっとも低い水準を維持しています。ちなみに同じ統計データで、日本の子どもの貧困率は13・7％（OECD平均12・4％）です。

フィンランドも、デンマークも社会政策として、公正と平等という原理をとても大事にします。それは、この両国の人びとが時間をかけて練り上げてきた思想にも裏づけられているように思います。本書で、デンマークにあるボーゲンセ日欧文化交流学院で学院長が語っていたように、一枚のピザを三人で平等に分けるようとするとき、だれもが同じ分量になるように分けることが、必ずしも公正であるとは限りません。むしろ必要とする人に必要なだけ分けることのほうが公正になる場合もあるわけです。この考え方は、フィンランドの「多様性にひらかれた平等」という教育政策と共通しています。

フィンランドは二〇〇〇年以降、ＯＥＣＤが実施したＰＩＳＡ（国際学習到達度調査）で、世界一高い水準だと評価されつづけ、デンマークは二〇〇六年と二〇〇八年 World Values Survey の調査で、世界一「幸福度」の高い国の一つだと評価されました。もちろん、この種のランキングの根拠になっている指標そのものの科学的な吟味も必要ですので、ランキングが世界一であることを過剰に評価することは慎まなければならないでしょう。また、安易な理想化も避けなければならないでしょう。

しかし、日本で生きる私たちを含めて、世界中の人びとが、いま、子どもの学びとその成果（学習到達度）の高さとは何か、人間のほんとうの豊かさや幸せとは何か、と問いはじめている今日、フィンランドとデンマークにそれを深める何かたいせつなヒントがあるのではないか、と考えることは意味のあることだと思います。いま、日本の子どもたちは、幸せな人生を送ることができているのでしょうか。他者と自分を比べることばかりを気にして、効率よく短期に成果をあげることに腐心するおとなたちの姿は、はたして豊かな社会を生きているといえるのでしょうか。

本書には、日本の学童保育の関係者が、フィンランドとデンマークを視察し、そこでみずから体験した物語がつづられています。岡山県の中山芳一さんと糸山智栄さんたちは、二〇〇八年にフィンランドを、佐賀県の石橋裕子さんたちは、二〇一一年にデンマークを、それぞれ訪問し、そこで見たこと、聴いたこと、感じたことを、いきいきとした言葉で語ってくれています。

異国を旅した人びとの物語には、私たちを未知の世界へといざなってくれる魅力があります。この不思議なちからに導かれながら、私も、読者のみなさんと一緒にフィンランドとデンマークの学童保育を〈鏡〉にして見えてくる日本の学童保育の課題や、その近未来への航路を探り合って行きたいと思います。

2 フィンランドの子育て・保育政策

一般に、フィンランドやデンマークなどの北欧諸国における保育は、子どもの権利を保障し、親の子育てに関する不安や要望に応じることのできる環境や条件を充実させることをめざしています。その実現のために、デイケア施設や、子どものニーズに応じた活動を提供する地域の社会教育施設

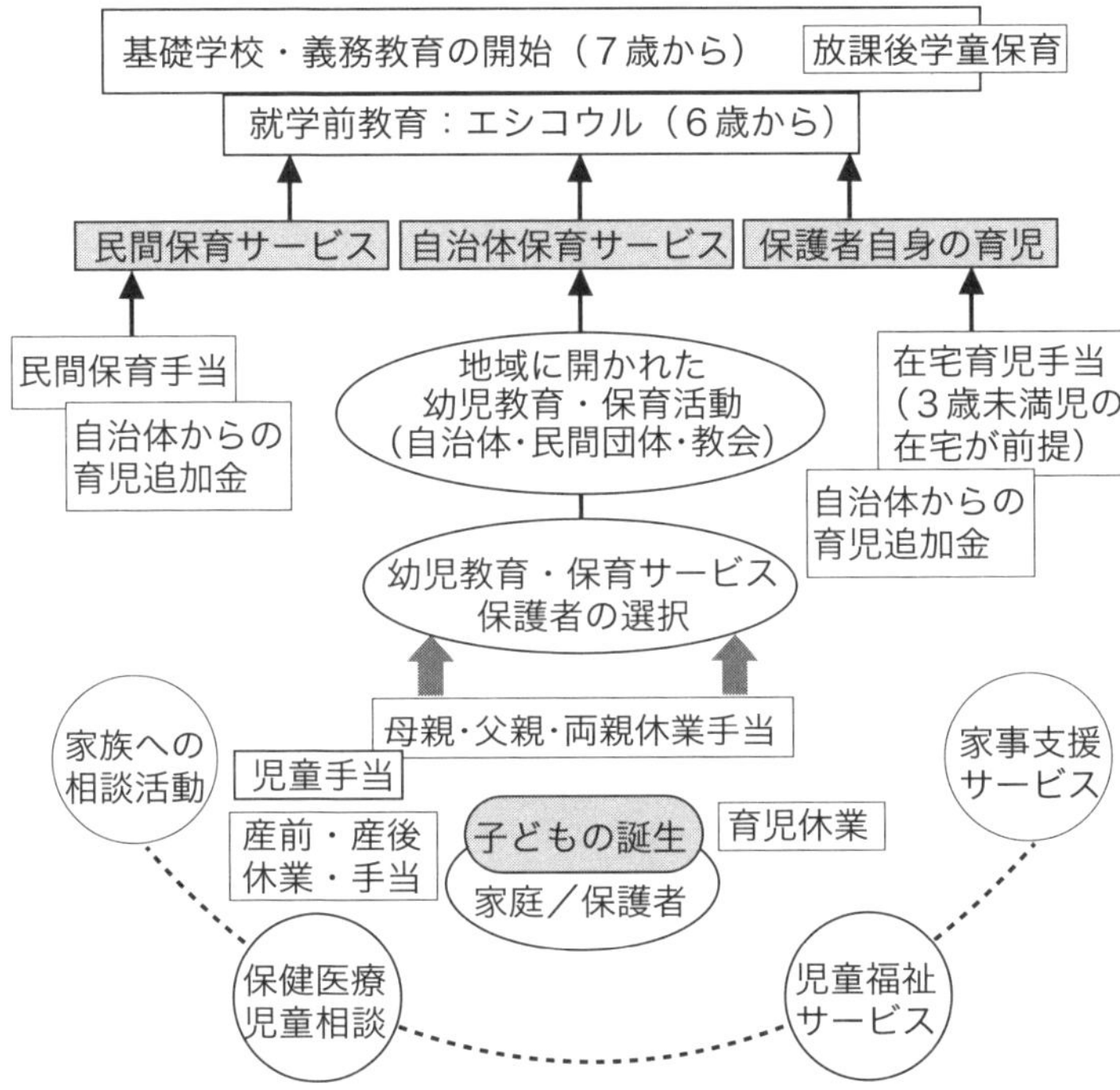

図１：フィンランドの包括的育児支援システム
（Heinämäki 及び 高橋に基づき一部加筆して筆者が作成
初出文献：拙稿・現代のエスプリ 2008 年 8 月号（注２）

や、教会などが主催するプレーグループや、家庭委託保育を含む家庭における共同保育等、まさに多様な保育形態が準備されています。

　たとえばフィンランドでは、ネウボラという子育て相談施設が、親と地域を結ぶたいせつな場となっています。親がネウボラで語った声は、相談員によって丁寧に聴きとられ、必要があれば、（もちろん相談者の承諾を得てではありますが）、地域の医療機関、保育施設、就学前学校、基礎学校、社会福祉サービス機関などによる援助活動へと結びつけられていきます。親や保護者が、ひとりで子育ての悩みを抱え込まないようにサポートする扇の要が、各地域にあるのです。さらに子どもの育児支援に関する手厚い社会保障（児童手当、産前産後休業手当、両親休業手当、育児休業等）も充実しています。

一方で、フィンランドやデンマークという北欧型福祉国家で、保育や子育て支援の問題が社会政策として実を結ぶまでには、多様な考え方を尊重しながら合意を形成するためのねばり強い熟議があることにも注目すべきだと思います。

また、保育や子育て支援について考え合うということは、おとなの生き方そのものがつねに問いなおされるということでもあります。子どものためによりよい保育とその社会的な環境は何か、というテーマを根源的に問いなおすことによって、私たちおとな自身の幸せな生き方を探索する手がかりがたくさん生まれてくるのかもしれません。

3　学童保育——ケアと発達援助の実践

フィンランドやデンマークのような北欧諸国における子どもの放課後支援では、すべての子どもに、次の三つの権利を保障することがたいせつにされています。一つは、安全で安心な環境で心豊かに生活する権利です。二つ目は、一人ひとりのニーズに応じて学びを深める権利です。三つ目は、文化の創造に参加しながら人間らしく育つ権利です。

①　フィンランドの場合

まず、フィンランドから見てみましょう。

フィンランドの学童保育の歴史は、まだ浅く、一九九〇年代後半にその制度設計が始まり、実際に「学童保育基準」が公布・施行され、制度化されたのは二〇〇四年以降のことです（注3）。フィンランドでは、学童保育事業は、「朝・放課後事業」とも呼ばれています。その一つの原型となったのは、フィンランドでは九〇年以上の歴史を持つ子どもの居場所としてのレイッキプイスト(leikkipuisto: 児童公園）だと言われています。児童公園にキッチン付きの屋内施設が併設され、そこに保育資格を持つ援助者が常駐するようになり、放課後に子どもが安全に安心して遊べる場が生まれ、そこからその地域のニーズに応じて、さまざまなケアと発達援助が展開されてきました。

もちろんキッチンが付いた屋内施設では、性差に関係なく、調理に参画します。何げないことですが、とても重みのある出来事だと思われます。みんなで食べ物をつくり、みんなで分かちあって食べる、という営みが、ごく自然に行われているのです。教育（エデュケーション）のもともとの意味は、栄養のあるものを食べ、それを互いに食してケアし合うということにあるといわれています（『オックスフォード英語辞典』）。児童公園にあるキッチン付きの屋内施設という風景も、ジェンダー・ギャップをのりこえ、男女平等社会の構築をめざすフィンランドの保育や教育の原風景の一つだといえるでしょう。

本書に紹介されている国営のプレーパークもその具体的な施設です。ヘルシンキ市内に七〇箇所以上設置されているこのプレーパークは、地域の子育て支援施設の一つとして設置され、月曜から金曜に、それぞれ午前九時から午後五時まで開かれています。午前は、乳幼児やその親（保護者）たちがリラックスして交流し合える場となり、午後は、学校の授業を終えた子どもたちがそこに集い、遊びや文化活動を中心に、子どもの豊かな放課後生活をおくることができるような場となります。夕方の午後五時以降には、地域の中学生や高校生が自分たちで企画する自主活動を展開するユースハウスのような場になることもあります。

午前は、地域の乳幼児どうしがゆるやかに出会い、その親（保護者）たちが子どもたちの姿に接しながら子育ての不安や悩みを安心して語り合い、午後には、学童保育として子どもの放課後の生活支援が行われ、夕方以降は、地域の若者たちの集いの場となる。このプレーパークは、地域の乳幼児から若者まで、それぞれの世代で集うことができる場であると同時に、その親（保護者）や子育て・若者支援に関わる援助者たちが集うことができる場にもなっていることがとても魅力的です。子どもも親も援助者も、けっしてひとりで孤立しないように地域社会が支え合うシステムをつくってきたのが北欧の学童保育の前身であり、また、今日その核心をなしていることに着目する必要があるのだと思います。

また、このプレーパーク系の学童保育所に限らず、遠足、季節ごとのパーティ、親子の工作、クラブ活動、サークル活動、ボランティア活動など、さまざまな文化創造活動や社会参加活動が展開されているところもあります。アート系の活動を重視するところでは、地元の大学で芸術を学んでいる学生・院生などが、援助者として協力しているところもあります。

そこは、子どもにとっても、親や援助者にとっても、安全と安心が保障され、信頼できる人びとから見守られながら生活できる場をめざしているのです。また、フィンランドでは、障がいのあるなしにかかわらず、多様な人びとが尊厳を持って共に生きるソーシャル・インクルージョンが、学童保育の実践を支える重要な理念にもなっています。子どもの一人ひとりのニーズ（特別なニーズも含む）に応じて、自分らしい学びを深めることのできる場をめざしているのです。そして、地域の文化の担い手の人びとと出会い、その文化の創造に、未来を生きる子どもが誇りを持って参加しながら人間らしく成長していける場になる可能性に満ちた場にもなるべく、さまざまな努力が積み上げられているのだと思うのです。

②　デンマークの場合

次にデンマークを見てみましょう。

デンマークでは、学齢期の子どもの多くが学童保育を利用しています。学校の授業が終わると、一年生から三年生までの子どもたちは、学校の敷地内にあるＳＦＯ（Skolefritidsording）と呼ばれる学童保育施設に残り、四年生以上の子どもたちも、希望者は放課後のクラブ施設に通うことができます。

本書で紹介されているコングスロン国民学校学童保育所は、親の早朝からの就労にあわせて朝六時から八時までの時間帯にも開かれていました。そこでは、希望する子どもには朝食が提供されていました。まさに、さまざまな生活スタイルをもつ子どもとその親（保護者）の人生に寄り添い、伴走してくれる細やかな配慮だと思います。

この学童保育施設は、午後一二時半から一六時半まで（金曜日は一五時半まで）が主要な活動時間になっていました。ここでの生活支援員はペタゴーと呼ばれています。五二名の子どもに五人のペタゴーが配置され、子どもの余暇活動から生活全般に関わるケアと発達援助に従事していました。ペタゴーは、子どもたちが日々の暮らしの中で抱く不安や葛藤に寄り添いながら、デザイン手芸や劇遊びなどの文化活動も支援していました。

デンマークの国民学校と学童保育施設は、両者とも、子どもが安心して学び、育つことができる空間を大切にしています。たとえば、本書で紹介されているように、色鮮やかな部屋に優しい音楽が流れ、こどもたちの作品が壁一面を埋め尽くし、隠れ家のような部屋やソファが子どもたちを包み込み、子どもがゆったりと過ごせる空間がたくさん準備されているのです。

本書で紹介されているコングスロン国民学校三年生の教室には、はしごがあり、ロフトのような空間もありました。少し秘密めいて、隠れ家のような小さなスペースは、子どものケアと発達援助にとってとても意味深い場の一つになっているようです。たくさんの子どもたちが、群れ合って遊べる空間とともに、ひとりで静かに過ごすことのできる〈ひっそり〉空間の持つ意味は、とても大切だと考えられています。わくわくしながらそっと隠れられる空間、ひとりでいても大丈夫なスペースが子どもの育ちには欠かせないものだと考えられているようです。

4　おとなが働く環境

同じ北欧でも、フィンランドの学童保育とデンマークのそれとでは、その制度が生まれた背景に違いがあるのは当然です。しかし、グローバリゼーションの荒波にさらされながらも、新しい福祉国家づくりをめざしている両国には、共通する条件もたくさんあります。

一つは、親の働く条件です。

フィンランドでは、一日の労働時間七・五時間は、原則としてしっかりと守られています。本書にもあるように、「一五時や一六時にお父さんやお母さん、あるいは夫婦で子どもを迎えに来ていて、一七時には、子どもはきれいさっぱり帰っていた」という風景は、いまなお一般的なものです。デンマークでは、労働時間が週三七時間を超えないという原則が堅持されています。

デンマークの学校の教員の場合は、原則週二四時間勤務です。保育に関わる人は、それより少ない勤務時間となることも多いようです。それは、小さい子どもに関わる人ほど、労働過多になることを避けなければならないという考え方にもとづいているからです。子どもの生命を守り、その生活をまるごと丁寧に支援するために、子どものケアと発達援助に関わる仕事をする人びとの労働環境を、社会全体で責任を持って整えようとしています。そのなかで、余暇の権利、母親（女性）の社会参加、父親の子育て参加が無理のないかたちで進められようとしているのです。

両国に共通するもう一つの特徴は、学童保育をはじめとする放課後の子ども支援に関わる援助者（指導員）の社会的役割の大きさです。

フィンランドの学童保育サービスの実際の運用を担っているのは、地方自治体です。教会や民間団体等が運営するものもありますが、公的助成等を受けているものがほとんどです。フィンランドでは、教師的資格を持った指導員と、支援員的資格をもった指導員がいます。いずれかの資格を持っていなければ、学童保育の援助者としては採用されない仕組みになっています。デンマークでは、学校の教員と地域の生活支援員（ペタゴー）は対等な立場で子どもの支援や指導にあたっています。学校によっては、地域の生活支援員（ペタゴー）のなかから、家庭と学校をつなげる役割を担うポジション（スクールソーシャルワーカーのような役職）を設けながら、家族支援を始めているところもあるようです。

5　三つの専門性を高めるために

北欧の二つの国では、学童保育の指導員に求められる専門性をどのようにとらえようとしているのでしょうか。デンマークのペダゴーも、フィンランドの指導員も、子どもの生活をまるごと支援する総合的な発達援助職をめざしているように見えます。地域における子どものケアと発達援助の専門家が社会的に求められ、その基礎となる資格要件が吟味され、その養成と研修のための環境整備がすすめられていることもわかります。

フィンランドでも、デンマークでも、地域で学童保育的役割を担う人びとには、子どもの心と身体のケアの専門性が求められています。また、同時に、文化の創造や社会参加へと子どもをいざなうような発達援助の専門性も求められています。安心と安全を保障し、子どもの心を癒やしながら、子どもを新たな文化や社会の創造者として自立できるように励ましていく専門性が必要とされているのだと思います。それは、ティーチャー（教える人）というよりも、エデュケーター（育む人）としての専門性を機軸にもつ新たな専門職像だといえるでしょう。

両国とも、遊びと学びとの接続についての専門性が問われていました。たとえば、フィンランドでは、一日のプログラムのなかで、みんなで一緒に遊び合う時間と、自由に遊ぶ時間とが交互に組まれ、一つのプログラムの中に、国語的、算数的、理科的、社会的、美術的、体育的な要素が埋め込まれていました。フィンランドの物語学習（ナラティブ・ラーニング）では、子どもに語りかけるようにストーリーテリングをすることや、ファンタジーの空間を共有することをたいせつにしながら、子どもと一緒に遊び合いながら学びの世界へといざなうことが重視されています。

デンマークでは、就学前施設の指導員が、妖精やピエロの格好をして、学校のなかを歩き回りながら、「妖精と対話をしましょう」と語りかけていました。廊下の片隅で「学校妖精」とお話をするコーナーや、「妖精カフェ」と称して、妖精とお茶のみ話をする場を設けている学校もありました。ファンタジーの空間を演出しながら、子どもが一人では解決できない問題などに「妖精」がそっと寄り添い、援助できるように工夫されていたのです。本書では、それが「こどもの目線でおとなも一緒にファンタジーの世界に遊びながら、こころのケアを行う優しい取り組み」として紹介されていました。

北欧の学童保育を一つの〈鏡〉にすると、日本の学童保育に関する専門性として何が浮かび上がってくるでしょうか。

一つは、地域における子どもの生活をまるごととらえる専門性、すなわち、子ども理解の専門性でしょう。

子どもの放課後という時間と空間は、ささやかな日常や遊び、あるいは創造的な活動のなかで、子どもが抱えている困り事や、小さな願いに触れることができる場でもあります。たとえば、ベタベタと甘えてきたかと思うと、突然に乱暴になる子どもの姿を、その子どもの生活全体のなかで、あるいは、心理的、社会的背景もふまえて、どう理解し、どう援助したらよいのか、ということが、問われつづけます。そのような専門性を担保するために、フィンランドでは、指導員の資格要件を、（大学や専門学校などの）高等教育での教育・保育・心理・福祉の専門等の履修または、それと同等以上の経験や学習歴を原則としています。日本でも、そのような専門性を高めるための自主的な研修や、制度設計が進められています。

二つ目は、学校を含む地域の他の援助職と繋がる専門性、すなわち多職種協働の専門性でしょう。たとえば、フィンランドでも、学童保育で働く職員は、日本と同じように指導員（ohajaaja）と呼ばれていますが、同時に、コーディネーター（koordinaatori）と呼ばれることもあります。それは、フィンランドでは、子どもの困り事が見えたときに、学校、家庭、他の専門職（医師、保健師、心理カウンセラー、児童福祉や特別支援の専門家等）と、刻々に相談しながら、必要な援助のちからを調整するのも、学童保育の指導員のたいせつな仕事であることを物語っています。日本にも、学童保育の指導員が、地域のなかで、かけがえのない子どもの人生に寄り添いながら、学校と家庭、地域の専門職の人びとと一緒に、ケアと発達援助の実践をすすめている事例がたくさんあります。

三つ目は、困難の多い専門職同士が、不安や悩みを語り合い、ともに養生しあい、あすの実践を構想し合えるような、指導員どうしの相互援助に関する専門性でしょう。たとえば日本には、指導員会や指導員どうしの実践検討会が全国各地で行われています。指導員が、自分の実践をふりかえりながら語り、それをていねいに聴きとりあい、明日の希望を学びあえるようなカンファレンスも、深められてきています。ここでは、指導員がほんとうに困っていることや悩んでいることを、安心と安全が守られた場で語られることがたいせつにされてきたのだと思います。そこでこそ、安心して困り合うことができる職場がうまれ、指導員の専門的力量や他職種とのコーディネートの力量も高まっていくのだと思います。北欧の学童保育の指導員たちが、長い時間をかけて、生涯学びつづけられる環境を、雇用の安定や、労働条件の改善とともに創り合っている姿に、日本も学ぶことが多いのではないでしょうか。

この三つの専門性に関する萌芽が、本書のなかにたくさん埋め込まれていると思いますので、お読みいただきながら、再発見していただきたいと思います。

北欧の冬の夜はとても長く、多くの家々では、子どもの枕元でゆっくりと読み語りがはじまります。小さなキャンドルグラスの蝋燭《ろうそく》は、家々の窓辺を飾り、家族の食卓を暖め、就寝前の読み語りのひと時を包み込みます。小さな蝋燭の灯りのもと、身近な大人から語られる物語。それに聴き入りながら自らの人生の物語を紡いでいく子どもたち。そこから生まれる穏やかな親子の語り合い。このような場こそ、子どものケアと発達援助のイメージの一つなのかもしれません。

本書で語られたフィンランドとデンマークの学童保育への旅の物語には、このようなケアと発達援助の原風景が貫かれていたように思います。日本で失われつつあるこの原風景に、本書をとおして出会い直していただければ嬉しく思います。そして、すべての子どものかけがえのない人生に寄り添い、そのケアと学びと育みを援助していく専門職として、日本の学童保育の指導員の皆様がますます活躍されることを祈念しています。

〈注〉

（1）エスピン＝アンデルセンは、フィンランドを含む北欧諸国を、最低限のニーズを基準にする平等ではなく、もっとも高い水準での平等を推し進める普遍主義的な「北欧型福祉国家」と位置づけています。エスピン＝アンデルセン著、岡沢憲芙・宮本太郎 監訳『福祉資本主義の三つの世界——比較福祉国家の理論と動態』ミネルヴァ書房、二〇〇一年、参照。

（2）拙稿、フィンランドにおける子育て環境としての地域——相談的関係性から発達援助のネットワークへ『現代のエスプリ』二〇〇八年、八月号。この図表は、Heinämäki, L. (2008). Early Childhood Education in Finland (Edited by Liberal Institute Friedrich-Naumann-Stiftung fur die Freiheit), Potsdam/Berlin. p.7. 及び、髙橋睦子「子育て支援と家族の変容——子どもの視点からの福祉社会の模索」藤井・髙橋、同上書、151頁を参照して、筆者が作成したものです。そのほか、フィンランドの保育の全体像については、藤井ニエメラみどり・髙橋睦子（著）、全国私立保育園連盟保育国際交流運営委員会（編）『安心・平等・社会の育み——フィンランドの子育てと保育』明石書店、二〇〇七年を参照。

（3）フィンランドでは、二〇〇四年に「学童保育基準」が公布・施行されるまで、主に地方自治体の社会福祉局が、放課後の学童保育事業を管轄してきました。二〇〇三年に「基礎教育法」が改正され、学童保育に関する規定が盛りこまれて以降、学校教育との深い連携も模索されてきました。自治体以外にでも、教会、スポーツ団体、児童福祉のNGO、保護者団体、青少年団体なども、学童保育事業のプロバイダーになっています。こうした制度の詳細は、渡邊あや「フィンランド——社会的包摂の一翼をになう学童保育」池本美香 編著『子どもの放課後を考える——諸外国との比較でみる学童保育問題』勁草書房、参照。

この本のおわりに

「しあわせな放課後の時間」を求めて訪れた、私たちのフィンランドとデンマークのふたつの旅の記録を最後まで読んでくださりありがとうございます。国民のしあわせを長い間考え続け、作りあげた国の仕組みは、国民一人ひとりが多くの税金を納め、それを再分配するというものでした。経済的な不安を抱くことなく人々が暮らす国は、みな穏やかな心持で日々を過ごしていました。

気持ちの余裕のある大人たちの中で育つこどもは、学校で学ぶことの楽しさを学び、学童保育で自由な時間を自分の好きなように過ごし、大人の手助けを受けながら様々な経験を重ねています。そこには、日ごろ私たちが日本の学校や学童保育で感じていた「こうなったらいいな」という願いが、国の制度として実現していたのです。

十分に自己主張をすることをあらゆる場面で認められ育つこどもは、大人になると社会の矛盾に声を上げ、納めた税金の使い道に目を光らせ、激しい国際競争の中であっても、自らの力で考え答えを導き出していくという、たくましい生き方をしています。社会規範に基づいた大人の誠実な態度に触れながら成長することは、社会を信頼することにつながります。

学童保育の充実と発展を願う本書のために、丁寧に解説してくださった庄井良信先生、素敵な装丁をしてくださった三多摩学童保育連絡協議会会長の妹尾浩也さんに、この場をかりてお礼を申し上げます。本書が学童保育関係者だけでなく、こどもにかかわる多くの方の希望となれば幸いです。

二〇一三年九月　石橋　裕子

石橋裕子（いしばし・ゆうこ）
1960年生まれ。1982年福岡教育大学卒業後、小学校教諭として勤務。1999年より三養基郡中原町ひまわりクラブ指導員。現在、（特非）佐賀県放課後児童クラブ連絡会理事長。佐賀県学童保育支援センター統括。まちづくりファシリテーター。

糸山智栄（いとやま・ちえ）
1964年生まれ。株式会社えくぼ代表取締役・えくぼホームヘルパーステーション管理者、（特非）さんかくナビ事務局長、（特非）オレンジハート理事長、フードバンク岡山代表。前岡山県学童保育連絡協議会事務局長。

中山芳一（なかやま・よしかず）
1976年生まれ。岡山大学キャリア開発センター在職、（特非）日本放課後児童指導員協会副理事長、岡山県学童保育連絡協議会事務局長。主な著書に『学童保育実践入門―かかわりとふり返りを深める』（かもがわ出版）などがある。

庄井良信（しょうい・よしのぶ）
1960年北海道美幌町生まれ。広島大学大学院教育学研究科博士課程、広島大学教育学部助手、県立広島女子大学・生活科学部・人間福祉学科助教授、フィンランド・ヘルシンキ大学在学研究員を経て、北海道教育大学大学院学校臨床心理専攻・教授。博士（教育学）。専門分野は、臨床教育学。さまざまな悩みや困難を抱えた家庭・地域・学校教育の現場と手をつなぎながら、教育相談活動に参画している。著書に『癒やしと励ましの臨床教育学』（かもがわ出版）、『揺れる子どもの心象風景』（新読書社）、『学びのファンタジア』（渓水社）、『自分の弱さをいとおしむ』（高文研）などがある。

しあわせな放課後の時間
デンマークとフィンランドの学童保育に学ぶ

●二〇一三年一〇月一〇日――――第一刷発行
●二〇一五年一〇月一〇日――――第二刷発行

著　者／石橋裕子・糸山智栄・中山芳一・庄井良信

発行所／株式会社 **高文研**
東京都千代田区猿楽町二―一―八
三恵ビル（〒一〇一―〇〇六四）
電話03＝3295＝3415
http://www.koubunken.co.jp

印刷・製本／シナノ印刷株式会社

★万一、乱丁・落丁があったときは、送料当方負担でお取りかえいたします。

ISBN978-4-87498-528-1　C0037